DAS BESTE VON NEAPEL IN 6 ROUTEN

HAPPY TIME GUIDE NEAPEL, POMPEJI, CAPRI & AMALFIKÜSTE

Raus aus dem Hotel und schon geht's los zu den schönsten Vierteln der Stadt. Ganz nebenbei entdeckst du unterwegs neue Restaurants, den besten Kaffee und das vor Ort gebraute Bier. Im **happy time guide** geben vor Ort lebende Autoren aus Liebe zu ihrer Stadt ausschließlich die echten Highlights weiter. Auf diese Weise ersparst du dir die überlaufenen Allerwelts-Einkaufsstraßen und spazierst, während du unterwegs noch die eine oder andere Sehenswürdigkeit mitnimmst, zu den nettesten Adressen der Stadt, die auch von den Locals besonders gern besucht werden. Genieße jede Sekunde und mach das Beste aus deinem Städtetrip.

AUF NACH NEAPEL, POMPEJI, CAPRI & AN DIE AMALFIKÜSTE!
Im vielseitigen süditalienischen Neapel kannst du Kunst und Ausgrabungen aus der römischen und griechischen Antike, die vielen Kirchen, Architektur, Handwerkskunst zeitgenössischer Künstler und natürlich das köstliche Essen genießen. Aber wir zeigen dir auch die weniger bekannten Stadtteile von Neapel wie Vomero und Quartieri Spagnoli. Schlendere durch die schmalen Gassen, probiere die echte neapolitanische Pizza und trinke mit den Einheimischen einen Espresso im Stehen an der Bar. Oder besuche mit diesem Buch die interessanten Gebiete außerhalb der Stadt, wie Pompeji, den Vesuv, die Insel Capri, Sorrent und die Amalfiküste.

Mit dem **happy time guide** erlebst du wunderbare Spaziergänge und den hiesigen Lifestyle und entdeckst die Gegend in deinem eigenen Tempo. Ohne dass du dich großartig dafür vorbereiten musst. Unsere Routen führen dich an den beliebtesten Restaurants, Cafés, Museen, Shops und Sehenswürdigkeiten entlang, vorbei an den Orten unserer Stadt, wo wir selbst gern hingehen, um eine gute Zeit zu haben. Vielleicht treffen wir uns ja?

Keine der beschriebenen Adressen hat für die Vermittlung bezahlt, weder für den Text noch für die Fotos. Sämtliche Texte wurden von einer unabhängigen Redaktion verfasst.

LOCAL
IRIS DE BROUWER

STADT
NEAPEL

BERUF
GRUENDERIN VON LOCAL IN NAPLES & KINDERBUCHAUTORIN

Iris wohnt zusammen mit ihrem neapolitanischen Mann und ihren zwei Kindern in Pozzuoli, einem Städtchen in der Nähe von Neapel mit Blick auf den Golf von Neapel. Iris organisiert und begleitet Touren und stellt Programme für Besucher von Neapel und seiner Umgebung zusammen.

PRAKTISCH

Mit den sechs Routen aus diesem Guide kannst du zu Fuß und in deinem eigenen Tempo die schönsten Ecken der Stadt entdecken. Die Routen führen an Museen und Sehenswürdigkeiten vorbei und zeigen dir dabei vor allem, wo du gut essen und trinken, shoppen, das Leben genießen und schöne Dinge erleben kannst. Auf der Übersichtskarte vorne im Buch siehst du, durch welche Stadtteile die Routen verlaufen.

Jede Route ist klar und verständlich auf einer detaillierten Karte eingezeichnet, der sich jeweils am Beginn des Kapitels befindet. Die Adressen sind ebenfalls darauf markiert. An der Farbe der Punkte erkennst du, um was für eine Adresse es sich handelt (schau dir dazu die Legende unten auf dieser Seite an). Zudem werden sämtliche Adressen in den Kapiteln ausführlich beschrieben. Ohne einen längeren Aufenthalt an den genannten Adressen dauert eine Route maximal drei Stunden. Für die Routen 4, 5 und 6 ist es sinnvoll, mehr Zeit einzuplanen, sie werden größtenteils mit dem Auto, dem Motorroller oder öffentlichen Verkehrsmitteln zurückgelegt. Die Länge ist jeweils über der betreffenden Routenbeschreibung in Kilometern angegeben.

PREISE

Um dir eine Vorstellung von den Preisen in den Restaurants zu vermitteln, gibt es zu jeder Adresse einen Preishinweis. Sofern nicht anders angegeben, handelt es sich dabei um die Durchschnittskosten eines Hauptgerichts. Bei den Eintrittspreisen der Sehenswürdigkeiten sind es die regulären Tarife.

LEGENDE

- >> SEHENSWÜRDIGKEITEN
- >> ESSEN & TRINKEN
- >> SHOPPEN
- >> FREIZEITTIPPS

AREA METROPOLITANA NAPOLI

Seit 2015 ist die gesamte Region Neapel offiziell eine Metropolregion, d. h. alle Gemeinden von Sorrent bis Monte di Procida sowie die Inseln Capri, Ischia und Procida fallen unter dieselbe Verwaltung und gehören zur Region Neapel.

STADT DER TAUSEND FARBEN

„Neapel ist eine Stadt der Widersprüche, von tausend Kulturen und tausend Ängsten. Von Kinderstimmen auf der Straße, die dich erkennen lassen, dass du nie allein bist. Du liebst sie wegen des wunderbaren Meeresgeruchs, aber hasst sie wegen des erbarmungslosen Sonnenscheins". Der neapolitanische Sänger Pino Daniele beschreibt es treffend in seinem berühmten *Napule è:* Neapel ist die Stadt der warmen Farben und warmherzigen Menschen, aber auch der Finsternis und der geheimen dunklen Seite. Das Zitronengelb der Zitrusfrüchte von Sorrent, das Türkis des Meeres bei Capri, das Ocker des Tuffsteins in den Adelspalästen, das Grün der Pinien, das Rot von Pompeji, das Schwarz des Vesuvs und das Weiß des Kostüms von Pulcinella. Tauche ein in die Farbpalette und versuche Neapel nicht nur zu sehen, sondern auch zu spüren.

ITALIENISCHE UND NEAPOLITANISCHE BEGRIFFE

Das Neapolitanische unterscheidet sich vom Italienischen und ist wirklich eine andere Sprache mit eigener Rechtschreibung und anderen Wörtern. Aufgrund der langjährigen spanischen Herrschaft finden sich im Neapolitanischen zahlreiche spanische Einflüsse. Verstärkt wird die Sprache durch Gebärden. Weit ausholende Gesten unterstreichen die Emotionen. Viele (Tätigkeits-)Wörter werden abgekürzt. *Non lo so*, ich weiß (es) nicht, heißt auf Neapolitanisch *bo. Amore*, Liebe, wird zu *Amo* und ich bin müde, *sono stanco*, zu *so stanc*.

NEAPOLITANISCHE REGELN

Neapolitaner nehmen es mit Vorschriften nicht so genau, sie sind flexibel und gut darin, die Dinge zu akzeptieren, wie sie sind. Diese Mentalität verlangt von Reisenden ein wenig Anpassungsvermögen. Etwas öfter *va be', non fa niente* (was soll's) denken macht das Leben leichter. Kann sein, dass Ladenbesitzer ihr Geschäft eine Stunde später oder womöglich gar nicht öffnen. Wenn die neapolitanische Fußballelf spielt, kommt der Bus eventuell nicht fahrplanmäßig. Kinder genießen in Neapel eine unerhörte Freiheit, denn schließlich sind es Kinder: Feste

Schlafenszeiten gibt es keine, Krach machen ist erlaubt und je vorlauter desto besser. Jeder sorgt für sie und passt auf sie auf. Auch erwachsene Neapolitaner dürfen Lärm machen – lauthals telefonieren in aller Öffentlichkeit, vom Balkon brüllen und mit der Nachbarin Klatsch austauschen. Dabei gestikulieren sie viel mit den Händen und berühren einander auch gern.

NEAPOLITANISCHE ESSGEWOHNHEITEN

Essen ist eins der wichtigsten Dinge im Leben der Neapolitaner und macht einen großen Teil ihrer Kultur aus. Das Frühstück besteht aus Cappuccino mit Keksen, einem *cornetto* (ein mit Marmelade, Nutella oder Sahne gefülltes Croissant) oder einer *graffa* (Donut mit Zucker). Das Mittagessen findet gegen 13.00 Uhr statt und ist meist ziemlich umfangreich: zuerst Vorspeisen, oft gebraten, danach ein *primo*, beispielsweise Pasta, gefolgt von einem *secondo* wie Fleisch oder Fisch. Nach der Mahlzeit kommt immer Obst auf den Tisch, frisch oder getrocknet. An Festtagen besteht das Dessert meist aus einem *dolce*, einem Stück Gebäck. Ein Espresso nach dem Essen gehört immer dazu. Abends gehen die Neapolitaner oft erst weit nach acht zu Tisch. Ein echter neapolitanischer Klassiker ist die Pizza.

Wegen des ausgiebigen Mittagessens und der Sommerhitze schließen die meisten Geschäfte zwischen 13:30 und 16:30 Uhr. Erst gegen 17 Uhr nimmt das öffentliche Leben wieder Fahrt auf.

FESTE UND VERANSTALTUNGEN

Eine bemerkenswerte Eigenschaft vieler Neapolitaner, die aus der Not geboren ist, ist ihre Kreativität in Sachen Geldverdienen. So kannst du auf der Straße sehen, welcher Feiertag gerade bevorsteht. Am 6. Januar, wenn die *Befana* nachts den Kindern Süßigkeiten in die Socken steckt, stehen die Straßen voller Süßigkeitenstände. Zum Valentinstag sind überall Schokoherzen und Kuscheltiere zu haben. Vor Karneval werden Masken, Konfetti und Spraydosen verkauft. Am 8. März, dem internationalen Frauentag, erhalten alle Frauen einen Zweig gelber Mimosen, die es am Straßenrand zu kaufen gibt. Um Ostern bekommt man riesige Schokoeier und zum Muttertag wimmelt es plötzlich von Blumenständen. Zu Weihnachten verkauft jedermann Christrosen und Krippen und zum Jahreswechsel kann man auf der Straße sogar Feuerwerk kaufen, neben roter Unterwäsche, die man in der Silvesternacht trägt, weil das Glück bringt.

Am 19. März ist *San Giuseppe*, Vatertag, an dem du unbedingt die traditionellen *zeppole* essen musst. Der Tag markiert auch den Beginn des *cambio di stagione*, wenn die Winterkleidung weggeräumt wird und die Sommerkleider zum Vorschein kommen. Im April gibt's die *Settimana Santa* (Karwoche), dann finden in der Stadt und Umgebung Prozessionen statt; am berühmtesten ist die in Sorrent.

Der Monat Mai ist der *Maggio dei Monumenti*, dann ist der Eintritt zu vielen Denkmälern und Sehenswürdigkeiten frei oder man kann Monumente besuchen, die normalerweise geschlossen sind. Außerdem werden Konzerte, Tanz- und Theateraufführungen sowie Ausstellungen veranstaltet, oft an ausgefallenen Locations.

Der erste Sonntag im Mai, der 19. September und der 16. Dezember sind für das Wunder von San Gennaro reserviert: die Verflüssigung des Blutes von Neapels Schutzpatron. Daher ist der 19. September ein gesetzlicher Feiertag, und in Neapel sind an diesem Tag die Schulen und Büros geschlossen.

Das alljährliche Napoli Pizza Village am *Lungomare*, der Meerespromenade, ist ein Highlight für sich. Die besten Pizzabäcker Neapels stellen ihre Künste unter Beweis und in einer meterlangen Freiluftpizzeria kannst du die echte neapolitanische Pizza kosten. Abends treten lokale und italienische Künstler auf.

Am Silvesterabend findet auf der Piazza del Plebiscito ein Neujahrsfest mit Musik statt, gefolgt von mitternächtlichem Feuerwerk im Castel dell'Ovo.

NATIONALE FEIERTAGE

In Italien gibt's außer Neujahr, Ostern und Weihnachten folgende offizielle Feiertage, an denen bestimmte Sehenswürdigkeiten, Geschäfte und Restaurants geschlossen sein können:

6. Januar > Dreikönigstag und *Befana*
25. April > Tag der Befreiung vom Faschismus
1. Mai > Tag der Arbeit
2. Juni > Nationalfeiertag (*Festa della Repubblica*)
15. August > Mariä Himmelfahrt (*Ferragosto*)
19. September > Tag des Heiligen Januarius (*San Gennaro*)

1. November > Allerheiligen
8. Dezember > Tag der unbefleckten Empfängnis Mariens (*Immacolata*)
26. Dezember > Stefanstag (*Santo Stefano*)

August ist der wichtigste Ferienmonat und viele Läden und Restaurants sind geschlossen. Neapel ist dann sehr ruhig. Auch viele Straßenreiniger machen in dieser Zeit Urlaub, deshalb ist Neapel im August oft schmutziger als sonst.

HAST DU NOCH TIPPS?
Wir haben diesen Reiseführer so sorgfältig wie möglich zusammengestellt. Allerdings ändert sich das Angebot von Geschäften, Restaurants, Cafés und Bars in Neapel regelmäßig. Wir bemühen uns ständig, die Routen und Adressdaten auf dem neuesten Stand zu halten und überarbeiten diesen Reiseführer regelmäßig. Falls du eine Adresse dennoch nicht mehr findest oder andere Anmerkungen und Tipps für diesen Guide hast, dann lass es uns wissen. Schreib uns eine E-Mail an lektorat@verlagshaus.de.

VERKEHR

FLUGHAFEN

Neapel ist leicht mit dem Flugzeug zu erreichen. Der **Flughafen** Capodichino liegt im Nordosten der Stadt. Er ist klein, aber modern und funktioniert tadellos. Am Flughafen kannst du ein Auto mieten. Wenn du die *Tangenziale*, die Ringstraße um Neapel nimmst, musst du Maut entrichten. Wenn du vorhast, die Umgebung zu erkunden, ist ein Auto praktisch, aber wenn du nur die Stadt besuchst, brauchst du keins. Der öffentliche Nahverkehr ist gut organisiert, der Straßenverkehr in der Stadt dagegen kann chaotisch sein.

Kommst du mit öffentlichen Verkehrsmitteln in die Stadt, nimmst du vom Flughafen den **Alibus Airport Shuttle** Richtung Piazza Garibaldi oder zum Hafen Beverello bei der Piazza Municipio. Von diesem Hafen legen diverse **Fähren** nach Capri, Sorrent, Procida und Ischia ab. Vom Hauptbahnhof Piazza Garibaldi fahren außer Zügen und U-Bahnen auch viele **Busse** in andere Städte und Regionen ab.

ÖFFENTLICHER NAHVERKEHR

Am Bahnhof Piazza Garibaldi fahren die **Metros** und **Züge** ab. Die Linie 1 fährt durch die Altstadt und dann über Vomero in die Vororte. Die Linie 2 verläuft am Viertel Chiaia entlang über das Stadion San Paolo zu den Campi Flegrei. Für die Linien gelten unterschiedliche Tickets. Das Schienennetz der **Circumvesuviana** bedient mehrere Strecken. Die Route Neapel–Poggiomarino führt an den Ausgrabungen, Boscoreale und der Kathedrale von Pompei vorbei. Die Linie von Neapel nach Sorrent hält in der Nähe der Einfahrt zur Porta Marina und der Ausgrabungen von Pompeji, passiert aber auch Ercolano und Portici.

Ins höher gelegene Viertel Vomero gelangst du auch mit dem **Funicolare**, einer Standseilbahn. Drei Seilbahnen verkehren vom Zentrum aus. Die Vierte führt von Mergellina nach Posillipo. Eine Übersicht über die Metro-, Bahn- und Funicolare-Linien verschafft dir der Plan hinten im Buch.

Außerdem verkehren zahlreiche **Busse** in Neapel, aber das Busnetz ist ziemlich verwirrend. Gut zu wissen ist, dass die Linien R1, R2, R3 und R4 die wichtigsten touristischen Ziele bedienen.

Mit der App von Unico Campania (*www.unicocampania.it*) kannst du online Fahrkarten für die öffentlichen Verkehrsmittel kaufen.

TAXI

Taxis findest du an wichtigen Punkten der Stadt, du kannst sie aber auch telefonisch bestellen unter 00390818888 oder 00390810101. Die Taxi-Grundgebühr beträgt 4,50 Euro. In jedem Taxi hängt eine Preisliste mit Aufschlägen und Festpreisen. Sprich den Fahrpreis vorher ab.

NACH SORRENT, AN DIE AMALFIKÜSTE UND NACH CAPRI

Sorrent lässt sich leicht per Bahn erreichen. Im Sommer verkehrt außerdem eine Fähre zwischen Neapel und Sorrent. Wer keine Angst vor schmalen Straßen hat, ist mit einem eigenen Fahrzeug auch gut beraten. Im Sommer gibt's allerdings oft keine Autoparkplätze. Die Amalfiküste lässt sich gut mit öffentlichen Verkehrsmitteln von Sorrent oder Salerno aus besuchen. Mit dem Busservice **SITA SUD** sind die Orte an der Amalfiküste leicht erreichbar. Am praktischsten ist es, eine COSTIERASITA zu kaufen, eine Tageskarte für 10 Euro. Du stempelst sie beim ersten Gebrauch ab, von da an gilt sie 24 Stunden. Für 15 Euro gibt's die COSTIERASITA TERRA & MARE. Mit dieser Tageskarte kannst du auch die Boote von Travelmar benutzen, um dich auf dem Wasserweg zu bewegen. Weitere Informationen auf *www.sitasudtrasporti.it*.

Capri erreichst du mit der Fähre ab Molo Beverello oder Sorrent. Es gibt eine Standseilbahn, die vom Hafen in den Ort Capri führt. Im Sommer verkehren auch Kleinbusse, mit denen du zu allen wichtigen Stellen der Insel gelangst.

RAD FAHREN

Der Verkehr in Neapel ist unübersichtlich und chaotisch und bislang wenig für Radfahrer geeignet. An einigen Stellen in der Stadt wurden auf den Gehwegen Streifen für Radfahrer abgetrennt. In der Metro und in der Seilbahn darfst du ein **Rad** mitnehmen; praktisch, um Höhenunterschiede zu überbrücken. Eine Helmpflicht besteht nicht. Willst du, dass dir die Leute Platz machen, dann rufe so laut wie möglich *Permesso*!

In der Stadt sind viele Fahrräder auf der Promenade unterwegs, die mittlerweile weitgehend autofrei ist. Auch im Bosco di Capodimonte und Parco Virgiliano lässt es sich gut radeln. Auf der Insel Capri ist Rad fahren nicht möglich; auf der Insel Ischia dagegen sind viele Radfahrer unterwegs. Auf Procida kannst du gleich bei der Ankunft im Hafen **E-Bikes** mieten, eine tolle Art, die Insel zu erkunden.

In Neapel gibt es mehrere Fahrradverleihe, probiere es beispielsweise mit Bicycle House oder NeapoliSolare. Auch im Parkhaus Super Garage kann man Fahrräder mieten. Oft werden 100 Euro Pfand verlangt. In Sorrent finden sich ebenfalls verschiedene Anbieter. Wegen der Höhenunterschiede sind E-Bikes empfehlenswert, es sei denn, du bist gut durchtrainiert und hast ein Mountainbike oder Rennrad. Auch entlang der Amalfiküste wird geradelt, über *www.cyclingamalfi.com* kannst du Räder ausleihen und dich für Radtouren anmelden. Das ist zwar eine Herausforderung, aber trotzdem sehr beliebt. Im Sommer sind auf den Straßen oft zu viele Autos unterwegs, als dass man dort gut radeln könnte.

TOP 10

KUNST & KULTUR

1 Betrachte Überreste aus Pompeji im **Museo Archeologico Nazionale** > S. 28

2 Die antike römische Stadt: **Scavi di Pompei** > S. 85

3 **Museo Cappella Sansevero** mit dem verhüllten Christus > S. 22

4 Eine Stadt unter der Stadt: **Napoli Sotterranea** > S. 37

5 Auf Abenteuertour im Fluchttunnel **Galleria Borbonica** > S. 42

6 Bestaune den königlichen Reichtum im **Palazzo Reale** > S. 44

7 Himmlische Ruhe in der **Certosa & Museo di San Martino** > S. 62

8 Erlebe, wie es wirklich war, im **Museo Archeologico Virtuale** > S. 94

9 Eine bunte Sammlung im **Museo Villa San Michele** > S. 122

10 Bewundere den **Duomo di Amalfi** > S. 104

TOP 10 RESTAURANTS

1 Wähle im **Ristorante l'Etto** vom Büfett und zahle pro 100 g > S. 29

2 Verspeise ein traditionelles *ragù* im **Ristorante Tandem** > S. 30

3 Finde in der **Muu Muuzzarella Lounge** heraus, was mit Mozzarella alles möglich ist > S. 50

4 In der **Pizzeria Pavia** gibt's echte neapolitanische Pizza > S. 49

5 Große Auswahl an Risottos in der **Valù Toledo Risotteria** > S. 69

6 In der **Trattoria da Nennella** findest du neapolitanischen Humor und Volksgerichte > S. 69

7 Essen in einem Sternerestaurant auf Capri bei **Il Riccio** > S. 126

8 Lass dich in Pompei verwöhnen in der **Osteria da Peppino** > S. 93

9 Genieße in Sorrent Caruso-Klänge im **Ristorante Museo Caruso** > S. 105

10 Iss im **Bagni Tiberio** auf Capri in deinem Strandkorb > S. 133

TOP 10 AUSGEHEN

1 Mit Bier oder Wein anstoßen bei **OAK Napoli Wine and Craft Beer** > S. 29

2 **Il Mantegno Vineria** schenkt köstliche Weine aus > S. 30

3 Neapolitanische Livemusik bei **Napulitanata** > Piazza Museo 11

4 Tanzen im Mondlicht am Meer kann man bei **Arenile Reload** > Via Coroglio 14b

5 *Caffè letterario* **Intra Moenia:** Musik und Literatur > S. 37

6 Vinyl shoppen und einen Aperitif trinken bei **Fonoteca** > S. 65

7 **Teatro San Carlo:** von Ballett bis Oper > S. 54

8 Sehen und gesehen werden in der **Zona San Pasquale** > rund um die Via Bisignano

9 Diese Straße bietet tolle Aussicht > **Zona Via Aniello Falcone**

10 *Drinks with a view* im **Capri Rooftop** > S. 129

TOP 10 SONNTAG

1 Frühstücke Espresso und *graffa* im **Gran Caffè Gambrinus** > S. 48

2 Besuche die **Chiesa del Gesù Nuovo** > S. 22

3 Unternimm eine Wanderung oder Radtour auf dem **Lungomare** von Neapel > S. 39

4 Bewundere die **Galleria Umberto I** > S. 42

5 Geh ins **Lido del Faro** am **Faro di Punta Carena** auf Capri > S. 137

6 Iss im **La Tagliata** an der Amalfiküste zu Mittag > S. 106

7 Besuche die **Cattedrale dei Santi Filippo e Giacomo** in Sorrent > S. 102

8 Nimm in Anacapri den Sessellift **Seggiovia Monte Solaro** > S. 134

9 Entspanne mit den Locals im **Bosco di Capodimonte** > S. 138

10 Mach eine Weinprobe am Fuß des Vesuvs in der **Bosco de' Medici Winery** > S. 97

ROUTE 1

NEAPEL CENTRO STORICO & RIONE SANITÀ

INFOS ZUR ROUTE

Diese Route ist eine Einführung in alles, was Neapel zu bieten hat. In diesen Vierteln kann es sehr voll sein; in der Mittagspause (zwischen 13.30–16.30 Uhr) ist es etwas ruhiger, aber dann hat auch vieles geschlossen. Außer in den stilleren Stunden ist es nicht ratsam, diese Teile der Altstadt mit dem Fahrrad zu erkunden.

DIE VIERTEL

Dieser Teil von Neapel ist der bunteste. Entdecke das **Centro Storico** (historisches Zentrum) mit seinen charakteristischen **Decumani:** drei lange Parallelstraßen, die von Osten nach Westen verlaufen. Sie sind sichtbare Zeugen der griechisch-römischen Vergangenheit der Stadt. Im 4. Jahrhundert v. Chr. war dieses Gebiet das griechische Stadtzentrum und wurde Neapolis genannt, also „neue Stadt". Die berühmteste der drei Straßen ist die **Via San Biagio dei Librai**, im Volksmund **Spaccanapoli** genannt. Hier befinden sich viele Sehenswürdigkeiten, gute Pizzerien und nette Geschäfte. Die Spaccanapoli verläuft von der **Via Duomo** bis zum Quartieri Spagnoli. Von höher gelegenen Orten der Stadt aus ist sie leicht zu erkennen: eine lange, gerade Linie, die genau durchs Zentrum verläuft. Darunter liegen die Tunnel des antiken Neapolis.

Das Viertel ist stark von der Universität und den zahlreichen Studenten geprägt. Hier findest du das Konservatorium, die Kunstakademie und verschiedene Fakultäten der Universität. Viele Unternehmen richten sich an diese Zielgruppe, Musik- und Kunstgeschäfte, Druckereien und Buchhandlungen. Es gibt auch viele Unterhaltungsangebote.

Der **Rione Sanità** dagegen ist ein echtes Arbeiterviertel, mit allen dazugehörenden Vor- und Nachteilen. Er steckt proppenvoll mit verborgener Geschichte und

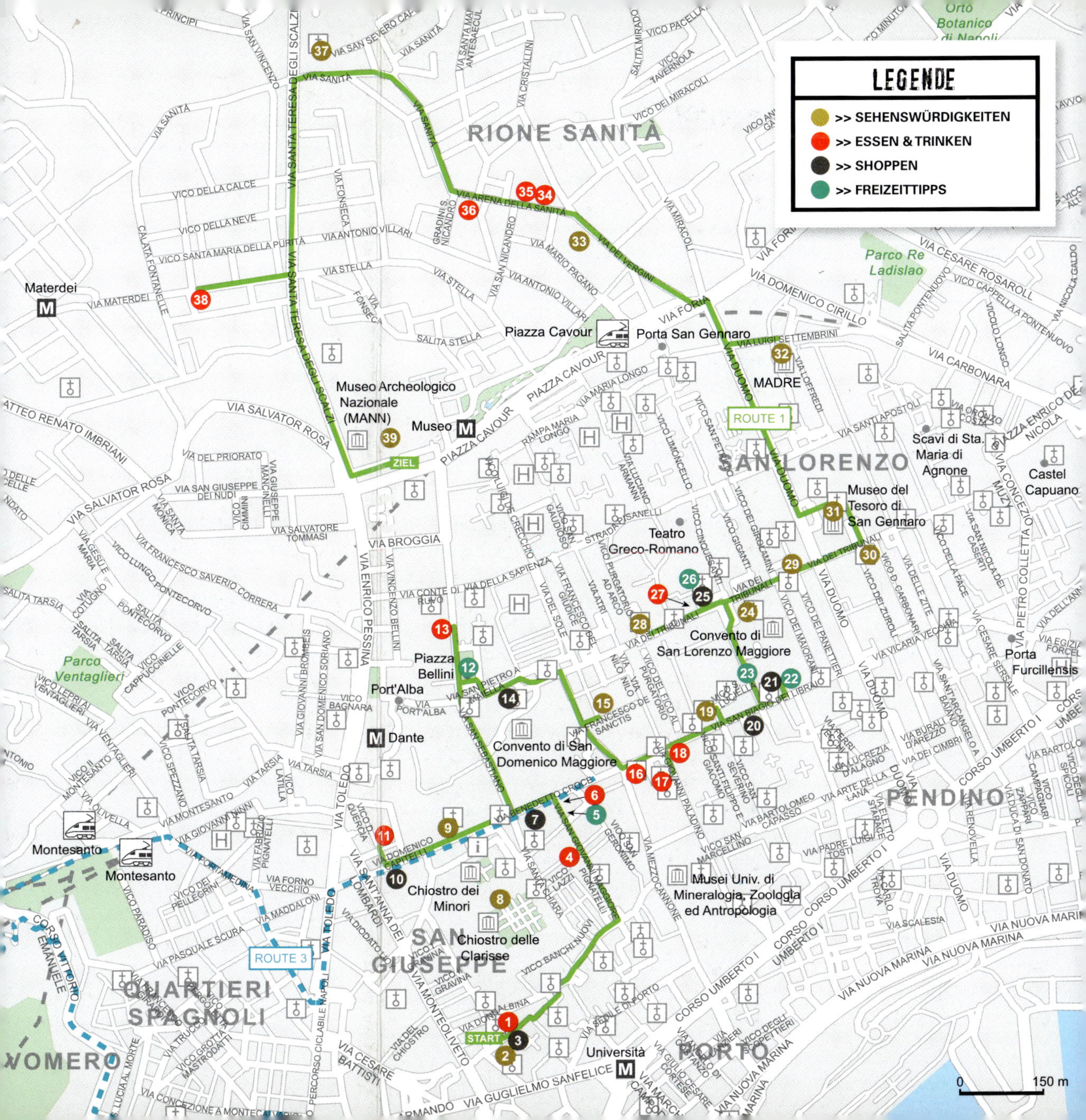
LEGENDE
>> SEHENSWÜRDIGKEITEN
>> ESSEN & TRINKEN
>> SHOPPEN
>> FREIZEITTIPPS
RIONE SANITÀ
SAN LORENZO
PENDINO
PORTO
SAN GIUSEPPE
QUARTIERI SPAGNOLI
VOMERO
Materdei
Piazza Cavour
Porta San Gennaro
MADRE
Museo Archeologico Nazionale (MANN)
Museo
ZIEL
START
ROUTE 1
ROUTE 3
Parco Re Ladislao
Orto Botanico di Napoli
Scavi di Sta. Maria di Agnone
Castel Capuano
Museo del Tesoro di San Gennaro
Teatro Greco-Romano
Convento di San Lorenzo Maggiore
Porta Furcillensis
Piazza Bellini
Port'Alba
Dante
Convento di San Domenico Maggiore
Parco Ventaglieri
Montesanto
Chiostro dei Minori
Chiostro delle Clarisse
Musei Univ. di Mineralogia, Zoologia ed Antropologia
Università
VIA SANTA TERESA DEGLI SCALZI
VIA SANITÀ
VIA ARENA DELLA SANITÀ
VIA DEI VERGINI
VIA FORIA
VIA DUOMO
PIAZZA CAVOUR
VIA SALVATOR ROSA
VIA BROGGIA
VIA ENRICO PESSINA
VIA TOLEDO
VIA DEI TRIBUNALI
VIA SAN BIAGIO DEI LIBRAI
VIA BENEDETTO CROCE
VIA DOMENICO CAPITELLI
VIA SAN SEBASTIANO
VIA SAN GREGORIO ARMENO
CORSO UMBERTO I
VIA NUOVA MARINA
VIA GUGLIELMO SANFELICE
CORSO VITTORIO EMANUELE
VIA MATERDEI
VIA LUIGI SETTEMBRINI
VIA CESARE ROSAROLL
VIA CARBONARA
VIA PIETRO COLLETTA
0
150 m

Kultur; du kannst hier locker 24 Jahrhunderte in der Zeit zurückgehen. Die Anwohner sind sehr nett und gastfreundlich.

Diese Viertel haben alles, wofür Neapel steht: Kunst, Kultur, Religion und Gastronomie, aber auch Lärm, Chaos und neapolitanisches Temperament. Nicht umsonst wird dieser Teil der Stadt als „einziges großes Freilufttheater" bezeichnet.

WENIG ZEIT? DAS SIND DIE HIGHLIGHTS:
PIAZZA BELLINI + MUSEO CAPPELLA SANSEVERO + SAN GREGORIO ARMENO + NAPOLI SOTTERRANEA + MUSEO ARCHEOLOGICO NAZIONALE

TIPPS

// Ein *must do* bei einem ersten Besuch von Neapel
// Geh morgens, wegen der Öffnungszeiten
// Viele bedeutende Sehenswürdigkeiten

NEAPEL CENTRO STORICO & RIONE SANITÀ

1. Bar La Nova Central
2. Complesso Monumentale di Santa Maria La Nova
3. Officina Flegrea
4. Salumeria UPnea
5. Museo Divino
6. Cuccuma Caffè
7. 360 gradi
8. Complesso Monumentale di Santa Chiara
9. Chiesa del Gesù Nuovo
10. Luca Talarico
11. OAK Napoli Wine and Craft Beer
12. Piazza Bellini
13. Ristorante l'Etto
14. Libreria Colonnese
15. Museo Cappella Sansevero
16. Il Mantegno Vineria
17. Ristorante Tandem
18. Bar Nilo
19. Chiesa di Santa Luciella ai Librai
20. Le Voci di Dentro
21. Legatoria Artigiana Napoli
22. Ospedale delle Bambole
23. San Gregorio Armeno
24. Complesso Monumentale San Lorenzo Maggiore
25. Limonè
26. Napoli Sotterranea
27. Pizzeria I Decumani
28. Complesso museale Santa Maria delle Anime del Purgatorio ad Arco
29. Street-Art von Banksy
30. Pio Monte della Misericordia
31. Museo del Tesoro di San Gennaro / Duomo
32. Museo Madre
33. Palazzo dello Spagnolo
34. Pasticceria Poppella
35. Isabella De Cham Pizza Fritta
36. Pizzeria Concettina ai Tre Santi
37. Catacombe di San Gaudioso / Basilica Santa Maria della Sanità
38. Pizzeria Starita
39. Museo Archeologico Nazionale

BESCHREIBUNG ROUTE 1 (ca. 6,3 km)

Beginne mit einen Kaffee auf der Terrasse 1, einem kulturellen Höhepunkt 2 und kaufe ein T-Shirt 3. Geh über Via Santa Maria La Nova, Via dell Ecce Homo und Via Candelora bis zu einem kleinen Platz mit Bäumchen und biege dort links in die Via S. Giovanni Maggiore Pignatelli. Auf halber Höhe kannst du zu Mittag essen 4 und dann Ausschau nach kleinen Kunstwerken 5 und traditionellem Kaffee 6 halten. Am Ende der Straße links warten ein Kunstgeschäft 7, ein Kloster 8, eine Kirche 9 und ein Taschenladen 10. Rechts im Vico Quercia gibt's eine Bierbar 11. Ein Stück zurück führt die Via S. Sebastiano links zur Piazza Bellini 12 mit Terrasse 13. Biege in die Gasse bei der Bar Lemmelemme ein, links passiert die Via S. Pietro a Maiella eine Buchhandlung 14. Weiter über die Piazza Luigi Miraglia rechts in den Vico San Domenico Maggiore und links in die Via Francesco de Sanctis gelangst du zu einem Museum 15. Geradeaus und an der Piazzetta Nilo links lockt ein Glas Wein 16. Spaziere weiter auf der Spaccanapoli und biege an der Via Giovanni Paladino rechts ab auf ein *ragù* 17 oder trinke an der Ecke einen Kaffee beim Haar des Maradona 18. Von hier bummelst du weiter die Via San Biagio Dei Librai entlang. Zu einem Schädel mit Ohren 19 biegst du links in den Vico Santa Luciella, weiter geradeaus gibt's lokale Kunst 20 21 und einen Puppendoktor 22. Ein Stück zurück kommst du rechts in der Via San Gregorio Armeno in Weihnachtsstimmung 23. Begib dich am Ende der Straße unter die Erde 24 26, koste Limoncello 25 und iss Pizza 27. Folge weiter der Via dei Tribunali und besuche eine Kirche mit Katakombe 28. Lauf die Straße in die andere Richtung und bewundere Street-Art 29. Geh bis zum Platz mit der Säule, um eine Kirche mit einem Meisterwerk von Caravaggio zu besichtigen 30. Besuche gegenüber Duomo und Museum 31 und nimm danach die Via Duomo nach rechts. Nochmal rechts in der Via Luigi Settembrini wartet moderne Kunst 32. Oder halte dich geradeaus, überquere die Via Foria und zweige in die Via Crocelle a Porta S. Gennaro ab, die in die Via Vergini übergeht, und betrachte schöne Architektur 33. Setzt du deinen Weg über die Via Arena della Sanità fort, kannst du Gebäck essen 34 oder (gebratene) Pizza probieren 35 36. Besuche weiter die Via Sanità entlang eine besondere Kirche und einzigartige Katakomben 37. Nimm am Ponte Maddalena Cerasuolo gleich hinter der Piazza Sanità den Aufzug und geh, oben angekommen, nach rechts. Rechts in der Via Materdei gibt's Pizza 38, geradeaus auf der Via Santa Teresa degli Scalzi landest du schließlich beim Archäologischen Museum 39.

SEHENSWÜRDIGKEITEN

(2) Der **Complesso Monumentale di Santa Maria La Nova** besteht aus einem Kloster und einem Museum. Hier kommst du mit der reichen Stadtgeschichte in Berührung, kombiniert mit Kunst und Architektur. Internationale Wissenschaftler behaupten, dass in dieser Kirche Graf Vlad III., Fürst der Walachei, besser bekannt als Dracula, begraben liegt, und zwar in einer kleinen Kapelle. Der Beweis dafür soll ein Grabmal voller kryptischer Inschriften sein. Mysteriös!
Via Santa Maria la Nova 44, www.santamarialanova.info, Tel. 0815521597, Mo–Fr 9.30–15.00, Sa–So 9.30–14.00 Uhr, Eintritt 5 €, Metro 1 Università

(8) Im **Complesso Monumentale di Santa Chiara** entfliehst du dem Stadttrubel. Das Kloster gehört zur nahegelegenen gotisch-schlichten Kirche Santa Chiara. Mit dem Bau des Komplexes wurde 1310 im Auftrag von König Robert von Anjou und seiner Frau Sancia von Mallorca begonnen. Der Kreuzgang fiel alles andere als schlicht aus. Während der Renovierung des Komplexes 1742 wurde ein Großteil der achteckigen Säulen mit bunten Majolicafliesen verziert. Du kannst auch archäologische Ausgrabungen, ein Museum und eine Weihnachtskrippe aus dem 18. Jahrhundert besichtigen.
Via Santa Chiara 49c, www.monasterodisantachiara.it, Tel. 0815521597, Öffnungszeiten Kloster Mo–Sa 9.30–17.30, So 10.00–14.30, Kirche Mo–Sa 8.00–12.45 & 16.30–20.00, So 9.00–12.45 & 16.30–20.00 Uhr, Eintritt Kloster 6 €, Metro 1 Dante

(9) Die Fassade der **Chiesa del Gesù Nuovo** lässt nicht vermuten, dass sich dahinter eine reich verzierte Barockkirche versteckt. Die Außenmauern gehörten einst zum Palazzo Sanseverino, wurden aber von den Jesuiten erhalten, als sie ihn in eine Kirche umbauten. Oft wimmelt es hier sowohl von Touristen als auch Einheimischen, und in den Beichtstühlen beichtet immer gerade jemand. Rechts vom Eingang findest du das Grab des neapolitanischen Arztes San Giuseppe Moscati, der 1987 heiliggesprochen wurde. Viele Menschen kommen extra wegen der Bronzestatue dieses Arztes her, um Heilung zu erbitten oder sich für Genesung zu bedanken.
Piazza del Gesù Nuovo 2, www.gesunuovo.it, Tel. 0815578111, tgl. 7.00–12.30 & 16.00–20.00 Uhr, Eintritt frei, Metro 1 Dante

19

39

8
Escape the busy city

⑮ Die Familienkapelle **Museo Cappella Sansevero** wurde im 17. Jahrhundert von Raimondo di Sangro entworfen, dem Prinzen von Sansevero. Er war als Erfinder, Wissenschaftler, Okkultist und Großmeister der Freimaurerei bekannt. Im Untergeschoss stehen zwei seiner detaillierten Rekonstruktionen des menschlichen Gefäßsystems. Mitten in der Kapelle liegt das Meisterwerk: eine Statue des verhüllten Christus, aus einem einzigen Marmorblock gefertigt. Die Skulptur sieht sehr realistisch aus, es scheint, als wäre er mit einem durchsichtigen Schleier bedeckt, den man einfach wegziehen könnte. Tickets im Voraus reservieren.
Via Francesco de Sanctis 19-21, www.museosansevero.it, Tel. 0815518470, Mo & Mi–So 9.00–19.00 Uhr, Eintritt 8 €, Metro 1 Dante

⑲ Die **Chiesa di Santa Luciella ai Librai** wurde 1327 von Bartolomeo di Capua gegründet. Sie entwickelte sich zu einem Gebetshaus der Steinmetze, die bei der Heiligen Lucia, der Schirmheiligen der Sehkraft, um Schutz für ihr Augenlicht baten. Seit 2013 wird die Kirche vom Kulturverein Respiriamo Arte betreut. Diese jungen Neapolitaner haben die Kirche gerettet und der Öffentlichkeit wieder zugänglich gemacht. In den Katakomben wird der berühmte Schädel mit den Ohren

aufbewahrt. Dieser Schädel wurde bis Mitte des 20. Jahrhunderts als Vermittler zwischen irdischem und dem Leben im Jenseits gesehen. Du kannst hier einen Zettel mit einem persönlichen Wunsch hinterlassen. Etwas ganz Besonderes!
Vico Santa Luciella ai Librai 5, www.respiriamoarte.it, Tel. 3314209045, Mo–Sa 10.00–18.00 Uhr, Eintritt 4 €, Metro 1 Duomo

(24) Zu einem Neapel-Besuch gehört auch eine Besichtigung des Ursprungs der Stadt, der fast drei Jahrhunderte zurückreicht. Möglich ist das im **Complesso Monumentale San Lorenzo Maggiore**. Hier siehst du, wie die griechischen, römischen, mittelalterlichen und modernen Zeiten der Stadt ineinander übergehen. Auch die gotische Basilika mit der Holzdecke ist fantastisch, ebenso wie die Sala Sisto V. und die Sala Capitolare mit den üppigen Deckenfresken im Kloster.
Piazza S. Gaetano 316, www.laneapolissotterrata.it, Tel. 0812110860, tgl. 9.30–17.30 Uhr, Eintritt 9 €, Metro 1 Duomo

(28) Der **Complesso Museale Santa Maria delle Anime del Purgatorio ad Arco** ist eine spezielle Kombination aus Glaube und Okkultismus, am Eingang fallen sofort die Totenköpfe auf. Die Kirche ist frei zugänglich, der übrige Komplex nur mit einem Guide zu besuchen (stündlich ab 11.00 Uhr). Betritt eine Welt zwischen Tod und Leben und bitte die Braut Lucia um Beistand für die verlorene Seele eines geliebten Menschen. Ihr Schädel wird hier immer noch gepflegt und verehrt.
Via dei Tribunali 39, www.purgatorioadarco.it, Tel. 081440438, Jan.–März Mo–Fr & So 10.00–14.00, Sa 10.00–17.00, April–Dez. Mo–Sa 10.00–18.00, So 10.00–14.00 Uhr, Eintritt 6 €, Metro 1 Dante

(29) Leider ist in der Stadt von der rätselhaften **Street-Art** von **Banksy** nur ein einziges Werk übriggeblieben: *La Madonna con la pistola*. Eine Madonna in Schwarz-Weiß, die der Maria auf dem Heiligenbild daneben gleicht. Über ihrem Haupt schwebt statt eines Heiligenscheins eine Pistole. Wahrscheinlich eine kritische Anspielung auf die sprichwörtliche Scheinheiligkeit der Unterwelt von Neapel. Zum Schutz des Werks wurde eine Glasplatte darüber befestigt.
Piazza Gerolomini, Metro 1 Duomo, 2 Piazza Cavour

(30) Der **Pio Monte della Misericordia** ist schon allein wegen eines besonderen Werks des berühmten Künstlers Caravaggio einen Besuch wert: *Die sieben*

Werke der Barmherzigkeit aus dem Jahr 1606. Über eine App erhältst du eine interaktive Erklärung des Gemäldes. Lass dir einen Besuch der Kunstgalerie über der Kirche nicht entgehen. Die Kirche ist eine wichtige Anlaufstelle der Armen des Viertels; durch einen Museumsbesuch unterstützt du die Hilfsangebote.
Via dei Tribunali 253, www.piomontedellamisericordia.it, Tel. 081446944, Mo–Sa 9.00–18.00, So 9.00–14.30 Uhr, Eintritt 8 €, Metro 1 Duomo

(31) Im **Museo del Tesoro di San Gennaro** liegt der Schatz von San Gennaro di Benevento, dem Schutzpatron von Neapel. Er besteht aus Juwelen, Smaragden, Rubinen, Gold und Silber und ist offizielles Eigentum des neapolitanischen Volkes. Das Museum befindet sich neben dem **Duomo**, dem Dom von Neapel. Dreimal im Jahr, am ersten Sonntag im Mai, am 19. September und am 16. Dezember, vollzieht sich hier das sogenannte Blutwunder des Heiligen Januarius (San Gennaro). Dann verflüssigt sich in den Händen des Priesters das jahrhundertealte Blut das Heiligen, das in zwei versiegelten Phiolen aufbewahrt wird. Geschieht das nicht, steht der Stadt eine Katastrophe bevor, glauben die Neapolitaner. Eine spektakuläre Kapelle im Dom ist San Gennaro geweiht.
Via Duomo 149, www.museosangennaro.com, Tel. 081294980, Mo–Fr 9.00–16.30, Sa–So 9.00–17.00 Uhr, Eintritt 8 €, Metro 1 Duomo

(32) Das **Museo Madre** ist ein Museum für moderne Kunst. Neben der Dauerausstellung im ersten Stock gibt es viele wechselnde Ausstellungen internationaler Künstler. Das Gebäude blickt von verschiedenen Punkten auf den Complesso Monumentale Donnaregina, eine reizvolle Kombination aus neu und alt.
Via Settembrini 79, www.madrenapoli.it, Tel. 081292833, Mo & Mi–Sa 10.00–19.30, So 10.00–20.00 Uhr, Eintritt 8 €, Metro 1 Museo, 2 Piazza Cavour

(33) Der **Palazzo dello Spagnolo** liegt mitten im Rione Sanità und ist ein gutes Beispiel für neapolitanischen Barock mit schönen Rokoko-Verzierungen. Er wurde 1738 nach einem Entwurf des Architekten Ferdinando Sanfelice erbaut. Charakteristisch ist die monumentale Treppe in Form ausgebreiteter Vogelflügel, sie war als sozialer Treffpunkt vorgesehen. Der Name stammt aus der Zeit, als ein vornehmer spanischer Adeliger hier wohnte.
Via Vergini 19, Tel. 0817951111, der Öffentlichkeit nicht zugänglich, Metro 1 Museo, 2 Piazza Cavour

31

(37) Die **Catacombe di San Gaudioso** befinden sich unter dem Altar der **Basilica Santa Maria della Sanità**, die du schon von weitem an den bunten Steinen auf der Kuppel erkennst. An der Außenmauer der Kirche ist ein Werk des argentinischen Street-Art-Künstlers Bosoletti zu bewundern. In den Katakomben, die aufs 4. Jahrhundert n. Chr. zurückgehen, sind kostbare Fresken und Mosaiken aus dem 5. und 6. Jahrhundert mit frühchristlichen Symbolen erhalten geblieben.
Piazza Sanità 14, www.catacombedinapoli.it, Tel. 0817443714, tgl. 10.00–13.00 Uhr, Eintritt 9 €, Metro 2 Piazza Cavour

(39) Die Besichtigung der römischen Ausgrabungsstätten rings um den Vesuv ergänzt ein Besuch im **Museo Archeologico Nazionale**. Hier findest du eine riesige Sammlung von Mosaiken, Fresken, Skulpturen und Objekten, u. a. aus Pompeji und Herculaneum, die jahrhundertelang unter Asche und Lava begraben lagen. Im ausgefallenen Gabinetto Segreto, dem Geheimkabinett, gibt's interessante Kunst- und Dekorationsobjekte, beispielsweise aus dem Bordell Lupanare di Pompei.
Piazza Museo 18-19, www.museoarcheologiconapoli.it, Tel. 0814422149, Ma & Mi–So 9.00–19.30 Uhr, Eintritt 15 €, Metro 1 Museo, 2 Piazza Cavour

ESSEN & TRINKEN

(1) Die **Bar La Nova Central** bietet Frühstück, Kaffee und Kuchen, Mittagessen, Aperitif, Abendessen und Cocktails. Die Terrasse liegt an einem kleinen, autofreien Platz abseits der Touristenströme. Wirklich ein Lokal von und für Locals.
Piazza Santa Maria la Nova 23, fb @barlanovacentral, Tel. 08118169608, Mo–Do 7.00–1.00, Fr 7.00–2.00, Sa–So 7.00–3.00 Uhr, Preis Espresso 0,90 €, Metro 1 Università

(4) In der **Salumeria UPnea** in einer schmalen Gasse kannst du überraschend lecker essen. In stilvollem, aber einladendem Ambiente mit Hinweisen auf neapolitanische Lieblingsthemen wirst du mit Speisen überrascht, die aus saisonalen Produkten zubereitet sind. Der Stolz des Lokals sind die Hamburger.
Via Santa Giovanni Maggiore Pignatelli 35, www.salumeriaupnea.it, Mo–Di & Do–Fr 19.00–0.00, Sa–So 12.00–0.00 Uhr, Preis 15 €, Metro 1 Università

(6) Im **Cuccuma Caffè** gehen die Uhren langsamer. Auf der Kochplatte blubbert die traditionelle *cuccuma*. Der neapolitanische Kaffeebereiter braucht etwas länger, aber der Kaffee bekommt dadurch das optimale Aroma. Und du kannst hier auf altmodische Art Spaghetti essen, aus einer Schüssel mitten auf dem Tisch!
Via Santa Giovanni Maggiore Pignatelli 1a, cuccuma-caffe.business.site, Tel. 08119708586, Mo–Di & Do 13.00–23.00, Mi & So 13.30–23.00, Fr 13.00–0.00, Sa 13.30–0.00 Uhr, Preis Kaffee und Kuchen 3 €, Metro 1 Dante

(11) Bei **OAK Napoli Wine and Craft Beer** trinkst du die besten Weine und Craftbiere, vier davon vom Fass. OAK ist eine supergemütliche Kneipe mit netter Außenterrasse. Zum Getränk kannst du leckere Häppchen probieren.
Vico Quercia 10, www.oaknapoli.com, Tel. 3497155270, Mo–Do & So 17.00–1.00, Fr 17.00–2.00, Sa 13.00–2.00 Uhr, Preis Getränk 5,50 €, Metro 1 Dante

(13) Im **Ristorante l'Etto** entscheidest du, wie viel du dir am Büfett auf den Teller lädst, du bezahlst deine Mahlzeit pro *etto*, pro 100 Gramm. Gesundes, köstliches Essen, schlichtes Design und freundlicher Service bestimmen die Atmosphäre.
Via Santa Maria di Costantinopoli 102, www.ettoexperience.it, Tel. 08119320967, Mo 12.30–22.30, Di–Do 12.30–0.00, Fr–So 12.30–15.30 & 19.30–0.00 Uhr, Preis 2,50 € pro 100 g, Metro 1 Dante

(16) In der Weinstube **Il Mantegno Vineria** kannst du entspannen und gleichzeitig den Trubel der Spaccanapoli genießen. Hier gibt's erlesene Weine und Cocktails für jedes Budget. Bestelle eine *tagliera* dazu, eine Platte mit Käse und Wurst.
Piazzetta Nilo 18-19, fb @ilmantegnovineria, Tel. 0812158290, Mo–Do & So 9.30–2.00, Fr–Sa 9.30–3.00 Uhr, Preis Glas Wein 3 €, Metro1 Duomo

(17) Pizza mag die Königin der neapolitanischen Küche sein, aber der unbestrittene König ist das *ragù*. Das traditionelle Gericht gehört unbedingt zum sonntäglichen *pranzo* (Mittagessen), die Vorbereitung beginnt schon am Samstagabend. Roberta, Betreiberin des **Ristorante Tandem**, bereitet es in Anlehnung an ein Rezept ihrer Oma zu. Man isst es mit Pasta oder Brot. Probier mal das *genovese*.
Via Giovanni Paladino 51, www.tandemnapoli.it, Tel. 08119002468, tgl. 11.00–23.00 Uhr, Preis 15 €, Metro 1 Duomo

(18) In der **Bar Nilo** gibt's außer gutem Kaffee auch eine Portion neapolitanischer Fußball-Leidenschaft. Von 1984 bis 1991 spielte Diego Maradona beim SSC Napoli, der mit ihm zweimal die italienische Meisterschaft und den UEFA-Pokal gewann. Die Neapolitaner verehren ihn bis heute so sehr, dass ihm in dieser Bar ein Altar gewidmet ist; wer genau hinsieht, entdeckt ein Büschel Haare von Maradona.
Via San Biagio dei Librai 129, Tel. 0815517029, Mo–Sa 7.30–20.00, So 7.30–16.30 Uhr, Preis Espresso 1 €, Metro 1 Duomo

(27) Die Pizzen der **Pizzeria I Decumani** sind frisch, lecker und schnell fertig. Sie werden mit einer Mozzarella-Kugel in der Mitte serviert. Du isst hier die traditionelle neapolitanische Pizza genau in der Straße, wo diese Pizza entstanden ist. Keine Lust dich hinzusetzen? Dann bestelle einfach eine *pizza a portafoglio*, eine doppelt gefaltete Pizza, die heiß auf der Straße gegessen werden kann.
Via dei Tribunali 58, www.pizzeriadecumani.it, Tel. 0815571309, tgl. 12.00–16.00 & 19.00–0.00 Uhr, Preis 5 €, Metro 1 Duomo

(34) Die **Pasticceria Poppella** ist in Neapel und Umgebung für die *fiocchi di neve* berühmt, eine Art Windbeutel: ein fluffiges Brötchen, gefüllt mit Schlagsahne und Ricotta. Inzwischen gibt es sie hier auch in anderen Varianten.
Via Arena della Sanità 24, www.pasticceriapoppella.com, Tel. 081455309, tgl. 6.00–22.00 Uhr, Preis Fiocchi di Neve 1 €, Metro 1 Museo, 2 Piazza Cavour

11
OAK WINE & CRAFT BEER

11

1

29

16

18
Bar Nilo
caffè
Wine MORENO

(35) Bei **Isabella De Cham Pizza Fritta** bekommst du die besten und originellsten gebratenen Pizzen der Stadt. In einem betriebsamen Viertel zaubert diese Dame luftige frittierte Pizzen hervor. Das Tolle ist, dass dieses Geschäft hauptsächlich von Frauen betrieben wird. Neapolitanische Girlpower!

Via Arena della Sanità 27, www.isabelladecham.it, Tel. 08118639669, tgl. 11.00–0.00 Uhr, Preis gebratene Pizza 3 €, Metro 2 Piazza Cavour

(36) Die **Pizzeria Concettina ai Tre Santi** gilt als die beste Pizzeria des Rione Sanità und als eine der besten von Neapel. Vater Antonio und Sohn Ciro sind ein unschlagbares Duo, von denen einer das Geheimnis des leckersten Teigs und der Auswahl der besten Produkte beherrscht, und der andere das Geheimnis dessen, was einen guten Gastgeber ausmacht. Die Pizzen sind traditionell, kommen aber durch Verwendung von Bioprodukten in modernem Gewand daher. Beim Bezahlen kann man eine Pizza in *sospesa* bezahlen: Obdachlose und arme Menschen können dann in der Pizzeria gratis die von dir bezahlte Pizza essen.

Via Arena alla Sanità 7 bis, www.pizzeriaoliva.it, Tel. 081290037, Mo–Sa 12.00–0.00, So 12.00–17.00 Uhr, Preis 8 €, Metro 2 Piazza Cavour

(38) Eine Pizzeria mit reicher Geschichte, beispielsweise taucht das Lokal im Film *L'Oro di Napoli* (1954) mit Sophia Loren als *friggitoria* (Pommesbude) auf. Die **Pizzeria Starita** ist der ausgewiesene Ort für eine echte neapolitanische Pizza, auch die gebratenen Vorspeisen sind köstlich. Nur den richtigen Moment zu erwischen, ist schwierig, denn es ist immer voll und man kann nicht reservieren.

Via Materdei 27-28, www.pizzeriestarita.it, Tel. 0815573682, Di–So 12.00–15.30 & 19.00–0.00 Uhr, Preis 7 €, Metro 1 Materdei

SHOPPEN

(3) **Officina Flegrea** ist ein Underground-Laden, wo du originell bedruckte T-Shirts und Sweatshirts bekommst. Hemden, aber auch Taschen oder Poster zieren lokale Street-Art, Sprüche oder ihr einziger Gott: D10S (alias Diego Maradona). Sie verwenden dort Bio-Baumwolle und sind sozial sehr engagiert.

Via Santa Maria la Nova 24, fb @officinaflegrea.shirt, Tel. 0810125710, Mo–Fr 10.00–13.00 & 16.00–19.30, Sa 10.00–13.00 Uhr, Metro 1 Università

(7) Wenn du die belebte Hauptstraße entlangläufst, solltest du ab und zu durch eins der großen Tore der Palazzi gehen, wie hier bei Nummer 56, um nachzusehen, was sich auf den Innenhöfen befindet. In diesem hier findest du links um die Ecke das ausgefallene Kunstgeschäft **360 gradi** der Künstlerin Ilaria. Aus Papier, Leim, Träumen und Poesie erschafft sie das Völkchen von HIOS. Kleine, verletzliche Püppchen, die träumen, fliegen, reisen und leben. Ein Teil ihres HIOS-Völkchens hat sogar einen Platz im Museo Madre erhalten.

Via Benedetto Croce 56, fb @360gradi.art, Tel. 3341042151, Mo–Fr 11.00–19.00 Uhr, Metro 1 Dante, Duomo

(10) In der Werkstatt von **Luca Talarico** begegnest du einem Mann mit großer Leidenschaft für sein Handwerk Lederbearbeitung und seine Stadt Neapel. Diese beiden Passionen hat er vereinigt unter den Markennamen Le Cartoline di Napoli und Golfo di Napoli: handgefertigte Sandalen, Taschen, Geldbeutel und Schlüsselanhänger, auf denen der Golf von Neapel abgebildet ist. Super als Souvenir.

Via Domenico Capitelli 8, www.lucatalarico.com, Tel. 3484120644, Mo–Sa 10.00–14.00 & 15.00–19.30 Uhr, Metro 1 Dante

⑭ Als die **Libreria Colonnese** 1965 ihre Pforten öffnete, bestand das Sortiment in erster Linie aus Büchern der damaligen Arbeiterbewegung und Ausgaben, die sonst nicht erhältlich waren. Inzwischen hat sie sich auf antiquarische Bücher und Drucke aus dem 19. und 20. Jahrhundert spezialisiert. Viele Bücher handeln von Neapel. Überdies ergatterst du hier innovative Souvenirs und Vintage-Postkarten.
Via San Pietro a Maiella 32-33, www.colonnese.it, Tel. 081459858, tgl. 10.00–14.00 & 15.00–18.30 Uhr, Metro 1 Dante

⑳ **Le Voci di Dentro** ist der Titel eines berühmten Lustspiels des Neapolitaners Eduardo De Filippo. Alessandro Flaminio hat seinen erfrischenden Laden samt Kunstgalerie mit Kunstwerken zum Thema Neapel danach benannt. Er lässt sich durch neapolitanische Kultur und Traditionen inspirieren, verleiht ihnen aber seinen eigenen Touch, was zu erstaunlichen Ergebnissen führt.
Via San Biagio dei Librai 111, www.levocididentro.it, Tel. 08119322644, tgl. 10.00–13.30 & 16.00–19.30 Uhr, Metro 1 Duomo

㉑ An einem schönen Innenhof des Palazzo Marigliano residiert die Buchbinderei **Legatoria Artigiana Napoli**. Das Gebäude stammt von 1513 und ist im Stil der neapolitanischen Renaissance errichtet. Hier kannst du die Kunst des traditionellen Buchbindens bewundern und handgefertigte Notizbücher kaufen.
Via San Biagio dei Librai 39, www.legatoriartigiananapoli.it, Tel. 0815511280, Mo–Fr 9.00–18.00, Sa 9.00–13.00 Uhr, Metro 1 Duomo

㉕ Direkt neben dem Eingang von Napoli Sotterranea findest du **Limonè**. In der kleinen Limoncellofabrik erklären sie dir mit Begeisterung die Herstellung dieses Zitronenlikörs. Probiere auch Geschmacksrichtungen wie Fenchel oder Melone. In hübschen kleinen Fläschchen verkauft, eignet sich der Likör gut zum Mitnehmen.
Piazza San Gaetano 72, www.limoncellodinapoli.it, Tel. 081299429, tgl. 11.00–20.30 Uhr, Metro 1 Duomo

FREIZEITTIPPS

Entdecke im **Museo Divino** 42 Nussschalen, die Dantes *Göttliche Komödie* erzählen, und 32 Mini-Weihnachtskrippen aus Nussschalen, Samen und Kirsch-

14

25

7

12

23
Made in Napoli
ESPOSIZIONE
PIANO SUPERIORE

kernen. Du brauchst eine Lupe, um diese Kunstwerke zu betrachten, die Antonio Esposito zwischen 1944 und 1999 herstellte. Für ihn bedeutete das eine spirituelle Reise und er verkaufte oder teilte sein Werk nicht mit anderen. Sein ausgefallenes Lebenswerk wurde erst nach seinem Tod öffentlich gemacht.
Via S. Giovanni Maggiore Pignatelli 1b, www.museodivinonapoli.it, Tel. 0811970 8587, tgl. 10.00–0.00 Uhr, Eintritt auf Spendenbasis, Metro 1 Dante

(12) Die **Piazza Bellini** ist der perfekte kleine Platz: Hier kannst du auf der Terrasse des literarischen Cafés Intra Moenia sitzen, wo du schöne Bücher zur Geschichte Neapels findest, oder bei Spazio Nea frischgebackenen Kuchen essen. Sieh dir auch die griechische Stadtmauer aus dem Jahr 400 v. Chr. an.
Piazza Bellini, Cafés wechselnde Öffnungszeiten, Metro 1 Dante

(22) Das **Ospedale delle Bambole** besteht schon seit 1899. Damals begann Luigiano, Bühnenbildner am Teatro di San Carlo, sich um die Puppen aus den Theatervorstellungen zu „kümmern". Leute aus der Nachbarschaft begannen, ihm die kaputten Puppen ihrer Kinder zu bringen. Mit der Zeit wurde er dann „Puppendoktor" genannt. Das Puppenkrankenhaus liegt in derselben Straße, in der er seine Werkstatt hatte. Inzwischen leitet seine Urenkelin Tiziana die Praxis.
Via San Biagio dei Librai 39, www.ospedaledellebambole.com, Tel. 08118639797, Mo–Di & Do–Fr 10.00–17.30, Sa 9.30–13.00 Uhr, Eintritt 5 €, Metro 1 Duomo

(23) Die Straße **San Gregorio Armeno** ist für die kunstvollen Weihnachtskrippen (*presepi*) berühmt, die dort hergestellt werden. In Neapel baut man traditionell am 8. Dezember die Krippe auf. Die Grundstruktur besteht aus Holz, Moos und Baumrinde. Neben den Krippen kriegst du hier auch lebensechte Tonfiguren.
Via San Gregorio Armeno, Metro 1 Duomo

(25) Bei **Napoli Sotterranea** begibst du dich auf ein Abenteuer unter der Erde, bis zu 40 Metern Tiefe. Du bekommst griechische und römische Überreste des antiken Neapolis zu sehen, einige Teile sind gut 2400 Jahre alt. Anschließend besuchst du ein römisches Amphitheater, das vollständig in die heutigen Gebäude eingebaut ist. Bei einem Teil der Tour läuft man mit Kerzen durch schmale Gänge.
Piazza San Gaetano 68, www.napolisotterranea.org, Tel. 081296944, tgl. 10.00–19.00 Uhr, Eintritt 10 €, Metro 1 Duomo

ROUTE 2

NEAPEL PIAZZA DEL PLEBISCITO & CHIAIA

INFOS ZUR ROUTE

Dieser Spaziergang ist eine Kombination aus Kultur, Shopping und Meeresluft. In der Villa Comunale und auf der Promenade kannst du gut zu Fuß gehen und Rad fahren. Oder springe an dem kleinen öffentlichen Strand kurz ins Meer. Du kommst an den angesagtesten Geschäften und Ausgehmöglichkeiten der Stadt vorbei. In der Umgebung der Piazza del Plebiscito gibt's tolle Sehenswürdigkeiten. Tipp für den Sommer: Geh wie die Neapolitaner erst spätnachmittags los.

DIE VIERTEL

Das schicke Viertel **Chiaia** bildet die Einkaufsmeile der wohlhabenderen Neapolitaner. In dieser Ecke findest du das mondäne Neapel, mit Palästen, Schlössern und Einkaufsstraßen voller *high fashion*. Modeliebhaber aus aller Welt kommen der einzigartigen Boutiquen wegen hierher und um in Sachen Trends auf der Höhe zu bleiben. Abends ist die Umgebung von Chiaia eine lebhafte Amüsiermeile. Du kannst dort gut essen und bis in die frühen Morgenstunden in zahllosen hippen Bars Cocktails schlürfen.

Die jahrhundertelange Anwesenheit verschiedener Königshäuser hat die Gegend stark geprägt: von der byzantinischen Herrschaft im 6. Jahrhundert über das normannische Königreich Sizilien im 12. Jahrhundert bis hin zum französischen Haus Anjou. Ab 1503 war Neapel eine Kolonie Spaniens. Vizekönig Pedro Álvarez de Toledo sorgte für viele wichtige Veränderungen. Danach geriet die Stadt kurze Zeit in die Hände der Österreicher, doch schon bald ergriffen die Bourbonen die Macht. Diese Monarchie hat die Architektur des Viertels maßgeblich beeinflusst. Die eleganten, stattlichen Gebäude schaffen eine Atmosphäre von Stil und Klasse, die den ganzen Stadtteil prägt.

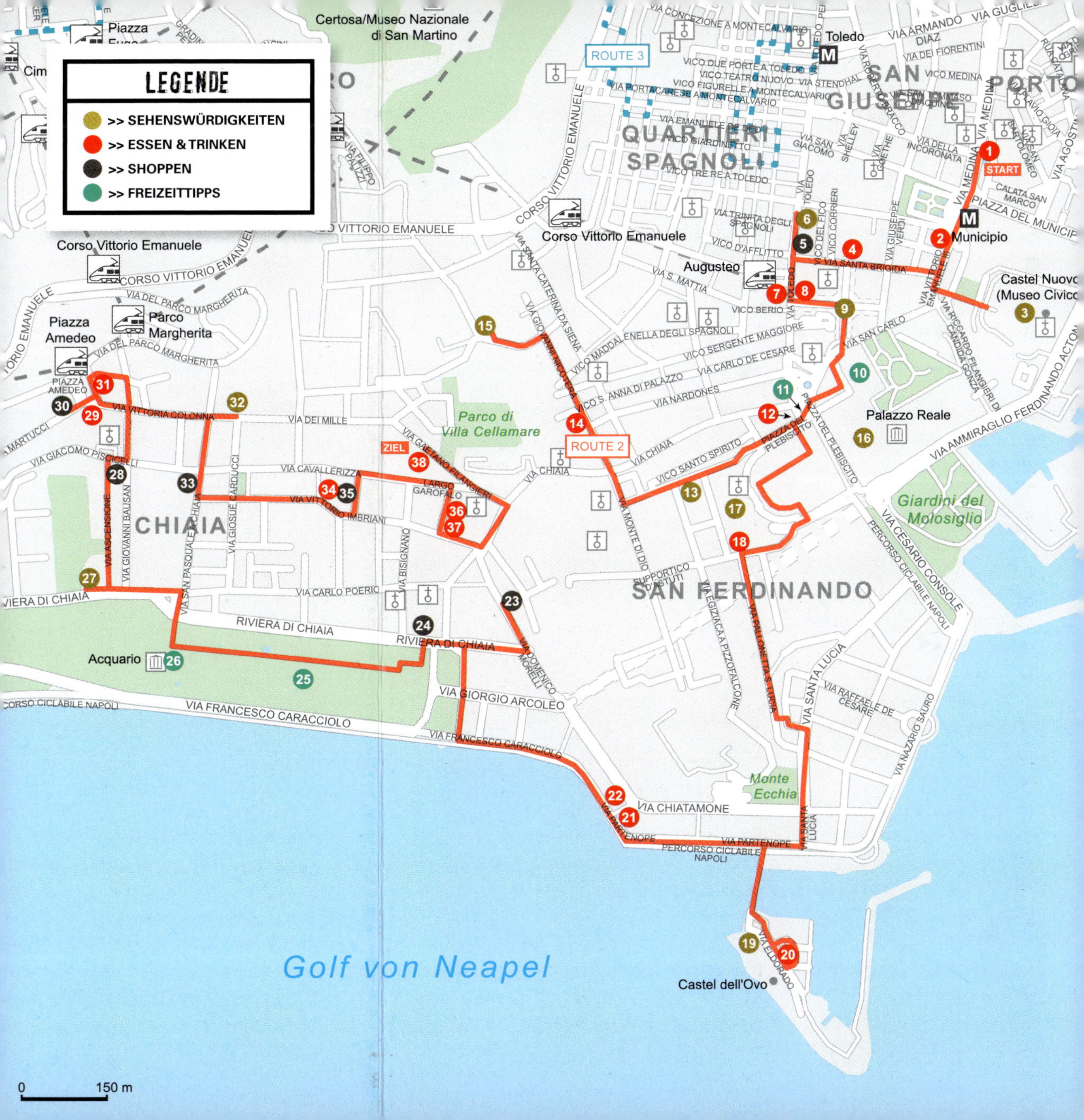
LEGENDE
>> SEHENSWÜRDIGKEITEN
>> ESSEN & TRINKEN
>> SHOPPEN
>> FREIZEITTIPPS
Certosa/Museo Nazionale di San Martino
ROUTE 3
Toledo
QUARTIERI SPAGNOLI
SAN GIUSEPPE
PORTO
START
Municipio
Corso Vittorio Emanuele
Augusteo
Castel Nuovo (Museo Civico)
Piazza Amedeo
Parco Margherita
Parco di Villa Cellamare
ROUTE 2
ZIEL
Palazzo Reale
Giardini del Molosiglio
CHIAIA
SAN FERDINANDO
RIVIERA DI CHIAIA
Acquario
VIA FRANCESCO CARACCIOLO
VIA GIORGIO ARCOLEO
VIA CHIATAMONE
VIA PARTENOPE
Monte Echia
Castel dell'Ovo
Golf von Neapel
0 150 m

NEAPEL PIAZZA DEL PLEBISCITO & CHIAIA

Es gibt viel zu sehen in diesem Bezirk, darunter den Königspalast und die riesige **Piazza del Plebiscito**, aber auch das schöne **Teatro San Carlo** und die **Galleria Umberto I**. Das Arbeiterviertel hinter dem Platz präsentiert sich ganz typisch, mit flatternder Wäsche über den schmalen Gassen. Nach all der Kultur kannst du dich wunderbar entspannen, indem du die Uferpromenade **Lungomare** entlangspazierst. Genieße die frische Meeresbrise und die sagenhafte Aussicht auf die Bucht von Neapel, den Vesuv und die Insel Capri. Der Fischerhafen am **Castel dell'Ovo** in **Borgo Marinaro** versprüht Urlaubsfeeling pur.

WENIG ZEIT? DAS SIND DIE HIGHLIGHTS:
GALLERIA UMBERTO I + GALLERIA BORBONICA + PALAZZO REALE + PIZZERIA PAVIA + CASTEL DELL'OVO

TIPPS

// Eine tolle Route, wenn du gern shoppen gehst // Ein großer Teil eignet sich zum Radfahren // Im Sommer erst nachmittags oder abends losgehen

1. Barrio Botanico
2. Di Martino Pasta Bar
3. Castel Nuovo / Museo Civico
4. Salumeria Regina
5. Dieci Dieci
6. Palazzo Zevallos Stigliano
7. Casa Infante
8. La Sfogliatella Mary
9. Galleria Umberto I
10. Teatro San Carlo
11. LAES – La Napoli Sotterranea
12. Gran Caffè Gambrinus
13. Galleria Borbonica
14. Osteria Della Mattonella
15. Museo della Moda Napoli
16. Palazzo Reale
17. Basilica Reale Pontificia San Francesco di Paola
18. Pizzeria Pavia
19. Castel dell'Ovo
20. Le Bar Narghilè
21. Mammina
22. ROL Gelateria
23. Livio De Simone
24. E. Marinella
25. Villa Comunale
26. Stazione Zoologica Anton Dohrn / Acquario di Napoli
27. Villa Pignatelli / Museo Diego Aragona Pignatelli Cortes / Museo delle Carrozze
28. Piglio Vintage
29. Scaturchio
30. Silvi - usato d'autore
31. Winè
32. Palazzo delle Arti Napoli
33. Le Zirre Napoli Limited Edition
34. Birdy's Bakery
35. Sara Lubrano Gioielli
36. Muu Muuzzarella Lounge
37. 12 Morsi
38. NOA Ristorante

BESCHREIBUNG ROUTE 2 (ca. 8,6 km)

Starte mit einem Heißgetränk 1 und spaziere zum Brunnen auf der Piazza Municipio. Hol dir ein Takeaway 2 und geh weiter zu einer mittelalterlichen Burg 3. Kehr um und biege links in die Via Santa Brigida, wo du ein Brötchen kaufen kannst 4. Am Ende rechts in die Via Toledo kommst du zu einem Laden 5 mit Kunstgalerie 6. In die andere Richtung gibt's etwas Süßes 7 8. Biege links ab zur Galleria Umberto I. 9. Nimm den rechten Ausgang, um das Teatro San Carlo zu besuchen 10. An der gegenüberliegenden Seite des Platzes Trieste e Trento begibst du dich unter die Erde 11 und trinkst Kaffee 12. Geh links am Café und der Piazza del Plebiscito vorbei in die Via Gennaro Serra und auf eine unterirdische Abenteuertour 13. Weiter geradeaus und am Ende rechts lockt in der Via Giovannu Nicotera eine Osteria 14. Biegst du dann links in den Vico Mondragone, gelangst du zum Modemuseum 15. Kehr zurück zur Piazza del Plebiscito, um den Königspalast 16 und eine Kirche 17 zu besuchen. Laufe links von der Kolonnade auf die Rampe Paggeria, das Treppchen hoch und iss in der Via Solitaria eine authentische Pizza 18. Bieg links ab und geh durch die Via Pallonetto Santa Lucia. Steige am Ende im Zickzack links die Stufen der Scale Pallonetto Santa Lucia hinab zur Via Serapide. Folge der Via Santa Lucia zum Meer. Rechts in die Via Partenope und dann gleich links über die Brücke kommst du zum Schloss 19 und einer Bar 20. Spaziere zurück und weiter über die Promenade. Iss bei Mammina 21 oder hol dir ein Eis 22. Flaniere weiter zur Piazza Vittoria. Wende dich nach rechts und nimm die zweite rechts. Links in der Via Domenico Morelli kannst du shoppen 23. Zurück an der Piazza Vittoria bekommst du handgemachte Krawatten 24. Betrete den Park 25 und besuche das Aquarium 26. Verlass den Park und überquere die Straße zur Piazza San Pasquale. Links wartet eine Villa mit Museen 27. Wandere rechts neben der Villa die Via Ascensione hinauf. An dem Platz kannst du Vintage shoppen 28. Geh links in die Via Giovianni Bausan und am Ende die Treppe hoch. Spaziere nach links und trink einen Kaffee auf der Piazza 29 oder schlendere in die Via Giuseppe Martucci zum Shoppen 30. Nimm die Stufen gegenüber und bummele durch die Passeggiata Colonna 31. Zurück in der Via Vittoria Colonna gelangst du links zu einem Museum 32. Ein Stück zurück und links in die Via San Pasqual kannst du eine Tasche kaufen 33. Biege links in die Via Vittorio Imbriani ein. An der Kurve gibt's Brötchen 34, um Schmuck zu kaufen 35, biegst du danach links ab. Für einen Imbiss gehst du am Ende rechts und nimmst die zweite rechts 36, du kannst auch um die Ecke links etwas essen 37. Zweimal links gelangst du schließlich zum *tasting* auf einer Dachterrasse 38.

SEHENSWÜRDIGKEITEN

③ Die markante mittelalterliche Burg **Castel Nuovo**, deren Eingang aus einem Marmor-Triumphbogen im Renaissancestil besteht, wird auch Maschio Angioino genannt. Auffällig ist, dass vier Türme aus dem Vulkangestein *piperno* erbaut sind, einer jedoch aus gelbem Tuffstein. Der Baustil der Fassade ist von den römischen Triumphbögen inspiriert und zeigt den Einzug von König Alfons. Hier findest du das **Museo Civico** mit einer Gemäldesammlung, die das alte Neapel zeigt.
Via Vittorio Emanuele III, Tel. 0817957722, Mo–Sa 8.30–17.00 Uhr, Eintritt 6 €, Metro 1 Municipio, Funicolare Augusteo

⑥ Der monumentale **Palazzo Zevallos Stigliano** aus dem frühen 17. Jahrhundert ist rundum spektakulär, vor allem die gläserne Decke in der Halle ist ein Hingucker. Es gelangte in den Besitz der kunstbeflissenen flämischen Familie Van den Eynden, die Sammlung niederländischer und flämischer Werke ist beeindruckend. Unbedingt anschauen: Caravaggios *Das Martyrium der Heiligen Ursula*.
Via Toledo 185, www.gallerieditalia.com, Tel. 0817811656, Di–Fr 10.00–18.30, Sa–So 10.00–19.30 Uhr, Eintritt 5 €, Metro 1 Toledo, Municipio, Funicolare Augusteo

⑨ Diese schöne Einkaufspassage, entworfen von Emanuele Rocco, wurde zwischen 1887 und 1890 erbaut. Sie besitzt große Ähnlichkeit mit der Galleria Vittorio Emanuele II in Milan. Wenn du in der Mitte der **Galleria Umberto I** stehst, schau nach oben zur Glaskuppel, den Bronzestatuen und Engeln. Den Fußboden unter der Kuppel zieren Mosaike mit den Tierkreiszeichen.
Via San Carlo 15, Tel. 0817951111, Metro 1 Toledo, Municipio, Funicolare Augusteo

⑬ Bourbonenkönig Ferdinand II. ließ die **Galleria Borbonica** als Fluchtweg von seinem Palast zur Kaserne graben, aber als solcher wurde der Tunnel nie gebraucht. Im Zweiten Weltkrieg diente er als Krankenhaus und Luftschutzkeller und später als Obdachlosenasyl. Heute kann man den Tunnel besuchen; Eingänge gibt's in der Via Vico del Grottone, der Via Domenico Morelli und der Via Monte di Dio – Palazzo Serra di Cassano – Interno A14. Bei den abenteuerlicheren der vier angebotenen Touren schipperst du über unterirdische Stauseen und Flüsse.
Vico del Grottone 4, www.galleriaborbonica.com, Tel. 0817645808, Fr–So 10.00–17.30 Uhr, Eintritt 10 €, Metro 1 Toledo, Municipio, Funicolare Augusteo

16

9

19
Much to do,
more to see

⑮ Modebegeisterte dürfen das **Museo della Moda Napoli** nicht auslassen, das Kleidung aus dem 18., 19. und 20. Jahrhundert zeigt und sich der Geschichte der Mode widmet, mit Schwerpunkt auf Frauen und ihrer Unterdrückung im Namen der Mode. Auch ausgefallene Stoffe und Designs werden vorgestellt.
Piazzetta Mondragone 18, www.museodellamodanapoli.com, Tel. 0814976104, Mo–Sa 9.00–17.00, So 9.30–13.00 Uhr, Eintritt 7 €, Metro 2 Piazza Amedeo, Funicolare Parco Margherita, Corso V. Emanuele

⑯ Der **Palazzo Reale**, der königliche Palast aus dem 17. Jahrhundert, ist einer der vier Paläste, die das Haus Bourbon in Neapel besaß. Er gehörte erst den Spaniern, dann den Österreichern, den Bourbonen und schließlich dem Haus Savoyen. Wandele durch opulente Säle mit Kunstwerken, durch die Bibliothek und das Privattheater. Schau dir auch die riesige *presepe* (Weihnachtskrippe) von 1700 an und dreh eine Runde durch die Schlossgärten oder buche eine Garten-Führung.
Piazza del Plebiscito 1, palazzorealedinapoli.org, Tel. 0815808255, Mo–Di & Do–So 9.00–20.00 Uhr, Führung Gärten Sa–So 11.00, 11.45, 12.30 Uhr, Eintritt 6 €, Führung Gärten 5 €, Metro 1 Toledo, Municipio, Funicolare Augusteo

(17) Die **Basilica Reale Pontificia San Francesco di Paola** wurde vom Architekten Pietro Bianchi im neoklassizistischen Stil entworfen. 1846 war die vom Pantheon inspirierte Basilika fertig. Die sechs Kapellen und acht Nischen beherbergen Gemälde und Marmorstatuen. Auf dem Hochaltar steht ein Werk von Vincenzo Camuccini, das den Heiligen Franziskus darstellt.
Piazza del Plebiscito, Mo–Sa 6.45–12.00 & 16.30–19.30, So 8.00 12.00 Uhr, Eintritt frei, Metro 1 Toledo, Municipio, Funicolare Augusteo

(19) Das **Castel dell'Ovo** befindet sich im kleinen Stadtteil Borgo Marinari. Mit der Festung ist eine Legende verbunden, der sie den ausgefallenen Namen „Eier-Festung" verdankt. In ihrem Fundament soll ein Ei versteckt worden sein, von dem angeblich Glück oder Unglück von Neapel abhängen. Ein Besuch dieser Burg mit ihren prächtigen Ausblicken verschafft dir einen neuen Blick auf die Stadt. Es werden auch Ausstellungen von Werken hiesiger Künstler gezeigt.
Via Eldorado 3, www.comune.napoli.it/casteldellovo, Tel. 0817956180, Mo–Sa 9.00–20.00, So 9.00–18.00 Uhr, Eintritt frei, Metro 1 Toledo, Municipio, Funicolare Augusteo

(27) Das **Museo Diego Aragona Pignatelli Cortes** ist in der **Villa Pignatelli** untergebracht. Von außen erinnert diese Villa an die Villen des antiken römischen Pompeji. Die Vorderfront mit Blick aufs Meer besteht aus einer offenen Galerie mit zehn Säulen. Einen Besuch lohnt auch das **Museo delle Carrozze** mit alten italienischen und französischen Kutschen. In der Villa Pignatelli gibt es oft Ausstellungen in der Casa della Fotografia, Konzerte und andere Veranstaltungen.
Riviera di Chiaia 200, www.beniculturali.it/luogo/museo-diego-aragona-pignatelli-cortes-e-museo-delle-carrozze, Tel. 0817612356, Mo & Mi–So 9.30–17.00 Uhr, Eintritt 5 €, Metro 2 Piazza Amedeo, Funicolare Parco Margherita, Corso V. Emanuele

(32) Der **Palazzo delle Arti Napoli** (PAN) ist Kunstgalerie und Museum in einem. Er hat keine eigene Sammlung, organisiert aber Ausstellungen zu den Themen Multimedia, Design und Architektur. Oft finden Filmabende, Lesungen, Workshops und Wechselausstellungen berühmter Künstler statt.
Via dei Mille 60, www.comune.napoli.it/pan, Tel. 0817958603, tgl. 9.30–19.30 Uhr, Eintritt frei, Ausstellungen kostenpflichtig, Metro 2 Piazza Amedeo, Funicolare Parco Margherita, Corso V. Emanuele

ESSEN & TRINKEN

① Das **Barrio Botanico** befindet sich im Innenhof des monumentalen Palazzo Fondi. *Amore* heißt hier die Devise, und die Atmosphäre ist hip und entspannt. Das Gebäude in Kombination mit der Ausstattung der Terrasse und den Lichtern ist eine Augenweide. Du kommst morgens auf einen Kaffee mit einem süßen Brötchen oder *pizzetta* her, oder mittags und abends auf *aperitivi* und Cocktails. Checke vorher ab, ob du reservieren musst.
Via Medina 24, fb @barriobotanico, Tel. 0814246186, Mo–Do & So 9.30–1.00, Fr–Sa 9.30–2.00 Uhr, Preis Kaffee 2,50 €, Metro 1 Municipio, Funicolare Augusteo

② Die **Di Martino Pasta Bar** hat für jeden etwas. Es gibt eine praktische Takeaway-Theke an der Straße, dazu einen Laden, wo alle Pastasorten dieser lokalen Marke verkauft werden, aber auch nette Mitbringsel wie Nudeldosen, alles im Dolce & Gabbana-Design. Im Obergeschoss befindet sich die Pasta-Bar, in der bis zu 22 Personen um die offene Küche sitzen und den Köchen bei der Arbeit zusehen können. Zum Lokal gehört eine schöne Terrasse auf der Piazza Municipio.
Piazza Municipio 1, fb @dimartinoseafront, Tel. 08118496287, Di–Sa 12.30–15.00 & 19.30–22.30, So 12.30–15.00 Uhr, Preis Pasta 5 €, Metro 1 Municipio, Funicolare Augusteo

④ Keine Lust auf ein Restaurant? In der **Salumeria Regina** kannst du dir sowohl ein Brötchen für später belegen lassen als auch etwas zum Verzehr an den hohen Tischen vor der *salumeria* aussuchen. Dazu wird köstlicher Wein ausgeschenkt. Sie haben Käse aus aller Welt, Salami und Schinken, aber auch frische Gerichte.
Via Santa Brigida 17, insta @salumeria_regina, Tel. 0815524339, Mo–Sa 8.00–20.00 Uhr, Preis Glas Wein mit Häppchen 6 €, Metro 1 Toledo, Municipio, Funicolare Augusteo

⑦ **Casa Infante** begann in den 1940er-Jahren damit – wie sie selbst es ausdrücken – die neapolitanischen Geschmacksknospen zu kitzeln. Damals machten sie das mit dem *tarallo*: ein süditalienisches ringförmiges Knabbergebäck. Inzwischen sind sie auf Eis in originellen Geschmacksrichtungen spezialisiert, basierend auf traditionellen neapolitanischen Spezialitäten.
Via Toledo 258, www.casainfante.it, Tel. 08119312009, Mo–Do & So 9.00–23.00, Fr–Sa 9.00–0.00 Uhr, Preis kleines Eis 2,50 €, Metro 1 Toledo, Municipio, Funicolare Augusteo

14

12
STREGA

12
Caffè Gambrinus
SERVIZIO CAMERIERI
WAITER SERVICE ONLY

29

1

7
LATTE

(8) Bei **La Sfogliatella Mary** bekommst du köstliche *sfogliatelle*, muschelförmiges Gebäck aus Kampanien. Bei den Einheimischen ist das Geschäft ein Renner wegen der Spezialitäten, die zu den Feiertagen angeboten werden. Berühmt sind *babà*, ein mit Rum durchtränkter Kuchen, und herzhafte Vorspeisen mit *friarielli*, einer Brokkolisorte, die nur hier gedeiht.

Via Toledo 66, Tel. 081402218, fb @lasfogliatellamaryofficial, Di–So 8.00–20.30 Uhr, Preis sfogliatelle 3 €, Metro 1 Toledo, Municipio, Funicolare Augusteo

(12) **Gran Caffè Gambrinus** ist ein Jugendstil-Schmuckstück. Benannt ist es nach dem legendären flämischen König Gambrinus, dem Erfinder des Biers. Früher besuchten viele flämische Künstler dieses Literaturcafé, und es war ein Treffpunkt der Elite von Neapel. Heute bekommst du hier den leckersten Kaffee, Tee und Gebäck, serviert auf extra für das Café entworfenem Porzellangeschirr, das du als Andenken kaufen kannst.

Via Chiaia 1/2, www.grancaffegambrinus.com, Tel. 081417582, Mo–Do 7.00–1.00, Fr 7.00–2.00, Sa 7.00–3.00 Uhr, Preis Espresso 1 €, Metro 1 Toledo, Municipio, Funicolare Augusteo

(14) Die **Osteria Della Mattonella** ist ein winziges, mit schönen Fliesen aus dem 18. Jahrhundert ausgekleidetes Familienrestaurant. Es hat nur ein paar Tische, daher ist Reservierung ratsam. Das Speiseangebot ist traditionell, und die Gerichte werden in der offenen Küche mit Hingabe und unter Verwendung regionaler Zutaten zubereitet. Die Weinkarte ist sehr umfangreich.
Via Giovanni Nicotera 13, www.osteriadellamattonella.com, Tel. 081416541, Mo–Di & Do–Sa 12.45–15.30 & 19.30–23.30, So 13.00–15.30 Uhr, Preis 20 €, Metro 1 Toledo, Municipio, Funicolare Augusteo

(18) Die **Pizzeria Pavia** ist Einheimischen ein Begriff. Gute Pizza in einer zu kleinen, quirligen Pizzeria mit Gedränge, einer Warteschlange draußen und den köstlichen Aromen, die zu Neapel gehören: Erlebe das echte Neapel!
Via Solitaria 34, fb @pizzeriapaviaantonio, Tel. 0817645259, Mo–Sa 10.00–15.00 & 19.00–23.00, So 19.00–23.00 Uhr, Preis Pizza 4 €, Metro 1 Toledo, Municipio, Funicolare Augusteo

(20) **Le Bar Narghilè** liegt an der kleinen, stimmungsvollen Piazzetta Marinari neben der Festung. Hier herrscht echte Urlaubsstimmung, die besonders abends angenehm ist. Angenehm ist auch die Wasserpfeife, die du hier rauchen kannst.
Piazzetta Marinari 18, www.lebarnarghile.it, Tel. 3486508919, tgl. 19.00–3.00 Uhr, Preis Cocktail 9 €, Metro 1 Toledo, Municipio, Funicolare Augusteo

(21) Am *Lungomare* findest du **Mammina**, eine moderne Pizzeria-Trattoria mit glutenfreien Gerichten und gesunden Poké Bowls. Der Laden sieht frisch und elegant aus, aber die Küche ist von Mamas Klassikern inspiriert, denn am besten schmeckt es doch bei Mama, oder? In Neapel nennen wir sie liebevoll *mammina*.
Via Partenope 15/19, www.mammina.com, Tel. 0812400001, tgl. 12.00–1.00 Uhr, Preis Pizza 15 €, Metro 2 Piazza Amedeo, Funicolare Parco Margherita, Corso V. Emanuele

(22) Dank Olga Nigro und Roberta Rubino kann man am *Lungomare* hausgemachtes Eis essen. Die **ROL Gelateria** verwendet frische Zutaten, insbesondere Obst. Das Kiwi-Eis ist umwerfend, aber auch das aus hiesigen Äpfeln der Sorte *mela annurca* ist köstlich. Du bekommst hier auch *granita*, Kaffee und andere Getränke.
Via Partenope 12/m, www.rolgelateria.it, Tel. 0817648393, tgl. 9.00–2.00 Uhr, Preis kleines Eis 2 €, Metro 2 Piazza Amedeo, Funicolare Parco Margherita, Corso V. Emanuele

(29) Fragst du Neapolitaner, wo du *babà*, ein typisch neapolitanisches Gebäck, probieren sollst, schicken sie dich sicher zu **Scaturchio**. Bei dieser festen Institution kannst du auf der stilvollen Terrasse himmlisches Gebäck und Kaffee genießen.
Piazza Amedeo 5, www.scaturchio.it, Tel. 081425543, tgl. 7.00–21.00 Uhr, Preis Espresso mit Gebäck 3 €, Metro 2 Piazza Amedeo, Funicolare Parco Margherita, Corso V. Emanuele

(31) Wenn du nicht gerade aus dem Bezirk bist, musst du schon wissen, dass sich das Restaurant **Winè** hier versteckt. Es serviert originelle Gerichte, die man in Neapel nicht so oft findet. Empfehlenswert sind die Paella und die Cannelloni, aber auch für gute Fleischgerichte bist du hier richtig.
Piazza Amedeo, Passeggiata Colonna 16c, fb @winepasseggiatacolonna, Tel. 3386869711, Mo–Di 18.00–22.00, Mi–Fr 17.00–22.00, Sa–So 10.00–22.00 Uhr, Preis 18 €, Metro 2 Piazza Amedeo, Funicolare Parco Margherita, Corso V. Emanuele

(34) Der adrette Kaffee- und Teeladen ist typisch für die Erneuerung, die Neapel gerade erlebt. **Birdy's Bakery** hat Pancakes, Cupcakes und Softeis. Du kannst auch ein Lunchpaket für ein Picknick in der Villa Comunale bekommen.
Vico Belledonne a Chiaia 14b, www.birdysbakery.com, Tel. 0814976400, Mo–Sa 7.00–23.00, So 8.00–23.00, Preis hapje en drankje 5 €, Metro 2 Piazza Amedeo, Funicolare Parco Margherita, Corso V. Emanuele

(36) **Muu Muuzzarella Lounge** ist Laden, Restaurant und Lounge-Bar in einem. Alles steht hier im Zeichen des lokalen *mozzarella di bufala D.O.P.* Die beiden jungen neapolitanischen Besitzer möchten dieses traditionelle Produkt auf einfache und innovative Art unter die Leute bringen.
Vico II Alabardieri 7, www.muumuuzzarellalounge.it, Tel. 081405370, Di–Sa 10.00–0.00, So 18.30–0.00 Uhr, Preis 15 €, Metro 2 Piazza Amedeo, Funicolare Parco Margherita, Corso V. Emanuele

(37) Bei **12 Morsi** kannst du mit zwölf Bissen die leckersten, üppig gefüllten Hamburger verdrücken. Die drei Jungunternehmer kamen auf die tolle Idee, Hamburger mit der Geschmacksvielfalt der neapolitanischen Küche zu kombinieren.
Via Alabardieri 34-36, www.12morsi.com, Tel. 08118584124, Mo 19.00–0.30, Di–So 12.30–15.00 & 19.00–0.30 Uhr, Preis 6 €, Metro 2 Piazza Amedeo

4
VIETATO FUMARE
NO SMOKING
DEFENSE DE FUMER
EXTRAFRESCHE
EXTRAFRESCHE
OGGI

24
E. MARINELLA
NAPOLI

5

24

(38) **NOA Ristorante** ist ein feines Restaurant mit Dachterrasse, wo du Schmackhaftes von rund um den Globus kosten kannst. Ab 18.00 Uhr bist du zum Aperitif geladen, oder um 20.00 Uhr zu einem Dinner mit überraschenden Kombinationen.
Via Gaetano Filangieri 16, www.noarestaurant.it, Tel. 08119578001, Mo–Do 18.00–2.00, Fr–Sa 18.00–3.00 Uhr, Preis € 20, Metro 2 Piazza Amedeo, Funicolare Parco Margherita, Corso V. Emanuele

SHOPPEN

(5) Es ist nicht leicht, unter all den Läden in der Via Toledo das beste Bekleidungsgeschäft zu finden, aber bei **Dieci Dieci**, dem selbsternannten „influencer shop", kannst du sicher sein, dass du topaktuell gekleidet aus der Tür gehst.
Via Toledo 195, www.diecidieci.it, Tel. 0815521677, Mo–Sa 10.30–20.00, So 11.00–14.00 & 17.00–20.00 Uhr, Metro 1 Toledo, Municipio, Funicolare Augusteo

(23) In der Boutique **Livio De Simone** gehen Mode und Handwerkskunst Hand in Hand. Alles ist handgemacht; von den einzigartigen Stoffen, die zur Herstellung von Tischdecken und Bettbezügen verwendet werden, bis hin zu Möbeln, Gardinen und Kleidung. Inzwischen führen Livios Frau und Tochter den Betrieb. Den Stoffen von Livio De Simone begegnest du auch im Museo della Moda Napoli.
Via Domenico Morelli 17, www.liviodesimone.com, Tel. 0817643827, Mo–Sa 10.30–13.30 & 16.30–20.00 Uhr, Metro 2 Piazza Amedeo, Funicolare Parco Margherita, Corso V. Emanuele

(24) Bei **E. Marinella** gibt's hauptsächlich Krawatten, aber auch Taschen, Uhren und andere qualitativ hochwertige Accessoires, für Herren wie Damen. Das Geschäft besteht seit 1914 und ist schon seit drei Generationen in der Familie. Enkel Maurice verbrachte ab seinem zehnten Lebensjahr ganze Tage mit seinem Großvater im Laden. In der Weihnachtszeit ist es hier so voll, dass die Leute, die draußen Schlange stehen, mit Kaffee und neapolitanischen Leckereien versorgt werden. Wenn ein Neapolitaner heiratet, dann mit einer Krawatte von Marinella.
Riviera di Chiaia 287, www.emarinella.com, Tel. 0817643265, Mo–Sa 6.30–13.30 & 15.30–20.00, So 9.00–13.00 Uhr, Metro 2 Piazza Amedeo, Funicolare Parco Margherita, Corso V. Emanuele

(28) **Piglio Vintage** von der fröhlichen Loredana ist ein verborgenes Juwel. Sie liebt schöne Stoffe, Farben und Qualität und wählt die Vintage-Stücke selbst aus. Bei Bedarf arbeitet sie die Kleidung auch um, wodurch jeder Artikel zum Unikat wird. Piazzetta Ascensione 16, insta @piglio_vintage, Mo–Fr 10.30–13.00 & 18.00–20.30 Uhr, Metro 2 Piazza Amedeo, Funicolare Parco Margherita, Corso V. Emanuele

(30) Silvi hat im Lauf der Zeit eine Menge Kontakte geknüpft, auch in die Film- und Theaterwelt. Viele ihrer Bekannten kaufen Produkte der teuersten Marken wie Prada und Dior und tragen sie nur einen Abend. Silvi übernimmt diese tollen Sachen und bietet sie dann in ihrem kleinen Laden **Silvi – usato d'autore** an. Via Giuseppe Martucci 109, insta @silvi_usato_dautore, Tel. 081662118, Mo–Sa 10.00–13.30 & 16.30–20.00 Uhr, Metro 2 Piazza Amedeo, Funicolare Parco Margherita, Corso V. Emanuele

(33) Auf der Suche nach einer originellen Tasche? Dann schau bei **Le Zirre Napoli Limited Edition** rein. Pierluigi und Eleonora haben sich zum Ziel gesetzt, erschwingliche, edle Taschen aus strapazierfähigen Qualitätsstoffen herzustellen. Jede Tasche wird nach einem Extra-Entwurf von Hand genäht, deshalb trägt das Unternehmen mit Fug und Recht die Bezeichnung „limited edition" im Namen. Via San Pasquale 27, www.lezirrenapoli.it, Tel. 08118821940, Mo–Sa 9.30–13.30 & 16.00–20.00 Uhr, Metro 2 Piazza Amedeo, Funicolare Parco Margherita, Corso V. Emanuele

(35) Sara fertigt mit Geschmack, Kreativität, Sinn für Stil und Qualität die schönsten Schmuckstücke an, auch auf Anfrage. Man kann sie oft hinten in ihrem Laden **Sara Lubrano Gioielli** arbeiten sehen. Sie verwendet eine alte, fast vergessene Technik, indem sie aus Wachs sehr detaillierte und einzigartige Formen herstellt. Vicoletto Belledonne a Chiaia 7, www.saralubrano.it, Tel. 08119575070, Di–Fr 11.00–13.30 & 17.00–19.30 Uhr, Metro 2 Piazza Amedeo, Funicolare Parco Margherita, Corso V. Emanuele

FREIZEITTIPPS

(10) Das **Teatro San Carlo** ist das älteste Opernhaus Europas. Ein nettes Detail sind die Spiegel in den Logen. Früher verlustierte sich das Publikum dort bei

5

28

24

Laze in the park

Kartenspiel und Alkohol. Mithilfe der auf die Königsloge ausgerichteten Spiegel konnte man sehen, wann der König Einzug hielt: der Moment, in dem alle aufstanden. Das Theater ist zu besichtigen, aber schöner ist es, eine Aufführung zu sehen. Opernsaison ist von Januar bis Ende Mai, Ballettsaison von April bis Juni.
Via San Carlo 98f, www.teatrosancarlo.it, Tel. 0817972331, Führung Do–So englisch 11.30, 15.30, italienisch 10.30, 12.30, 14.30, 16.30 Uhr, Programm und Preise siehe Website, Preis Führung 9 €, Metro 1 Toledo, Municipio, Funicolare Augusteo

(11) Erfahre etwas über die Geschichte Neapels und die Ursprünge des alten, antiken Neapels durch **LAES – La Napoli Sotterranea**. Das unterirdische Netz aus Gängen, das viele Touristen und sogar Einheimische nicht kennen, kann nur mit einem Guide besucht werden. Vereinbare telefonisch einen Termin oder geh zu den angegebenen Zeiten zum Gran Caffè Gambrinus auf der Piazza Trieste e Trento. Ein erfahrener englischsprachiger Guide nimmt dich mit auf ein Abenteuer durch das unterirdische, geheime Neapel. Beachte die Botschaften von Neapolitanern, die im Zweiten Weltkrieg die unterirdischen Räume nutzten, um sich vor den zahlreichen Bombenangriffen in Sicherheit zu bringen.
Vico S. Anna di Palazzo 52, Treffpunkt Gran Caffè Gambrinus, Piazza Trieste e Trento, www.lanapolisotterranea.it, Tel. 081400256, Führungen tgl. 10.00, 12.00, 16.30 Uhr, Preis Führung 10 €, Metro 1 Toledo, Municipio, Funicolare Augusteo

(25) Die **Villa Comunale** (Stadtpark) wurde zur Zeit von König Ferdinand IV. im Jahr 1780 angelegt. Früher ausschließlich Mitgliedern der königlichen Familie vorbehalten, ist er heute einer der schönsten Parks in Neapel. Es gibt hübsche Spazierwege, Brunnen und einen Jugendstilpavillon, La Cassa Armonica.
Piazza Vittoria, Tel. 0817953614, tgl. 7.00–22.00 Uhr, Metro 2 Piazza Amedeo, Funicolare Parco Margherita

(26) Die **Stazione Zoologica Anton Dohrn**, die älteste zoologische Station Europas, wurde 1877 auf Initiative des deutschen Forschers Anton Dohrn, eines Darwin-Anhängers, erbaut. Das prächtige Gebäude und das zugehörige **Acquario di Napoli** sind einen Besuch wert. Dort siehst du vor allem Fischarten aus dem Golf von Neapel. Lustig ist der Tintenfisch, der vor Schreck die Farbe wechselt.
Villa Comunale, www.fondazionedohrn.it/home/aquarium, Tel. 0815833442, Sa–So 10.00–19.45 Uhr, Eintritt 7 €, Metro 2 Piazza Amedeo, Funicolare Parco Margherita

ROUTE 3

NEAPEL VOMERO & QUARTIERI SPAGNOLI

INFOS ZUR ROUTE

Ab Montesanto kannst du dir aussuchen, ob du die 414 Stufen der Via Pedamentina erklimmen oder dich von der *funicolare* (Standseilbahn) nach oben befördern lassen und die Treppe nur zum Abstieg nehmen möchtest. Der Park bringt im Sommer Abkühlung. Beachte, dass der Markt nur in den Morgenstunden geöffnet hat. Ab 17.00 Uhr sind diese Viertel, besonders Vomero, bis spät abends gut besucht von Einkaufs- und Ausgehpublikum.

DIE VIERTEL

Das Viertel **Vomero** liegt auf dem Hügel San Martino und daher höher als der Rest der Stadt. Es lässt sich leicht mit einer der drei Funicolare erreichen, einem Bähnchen, das den Hügel hoch- und runterfährt. Der Charakter von Vomero unterscheidet sich erheblich von dem anderer Stadtteile. Die Straßen sind weniger eng und dicht bevölkert; hier und da gibt's sogar einen breiten, von stattlichen Bäumen gesäumten Boulevard. Du kannst dort ausgiebig shoppen gehen, auf Terrassen sitzen und die schöne Architektur bewundern. Die Geschäfte sind eine Mischung aus modern und traditionell, du findest sowohl große Labels als auch kleine Boutiquen sowie einen belebten Markt. Das Viertel bietet zahlreiche Bars, Restaurants, Pizzerien, Theater und Unterhaltungsmöglichkeiten.

Im Park von Vomero, **Villa Floridiana**, kannst du spazieren gehen, im Schatten sitzen und die Aussicht auf den Hafen von Mergellina und das Viertel Posillipo genießen. Ein Highlight von Vomero ist ein Besuch des **Castel Sant'Elmo** mit dem Kloster San Martino. Von der Festung eröffnet sich ein Ausblick über das Centro Storico, die Quartieri Spagnoli, die Spaccanapoli und den Golf von Neapel.

Vomero ist durch die lange Treppe **Via Pedamentina** mit dem tiefer gelegenen Stadtteil **Quartieri Spagnoli** verbunden. Dieser Bezirk wurde im 16. Jahrhun-

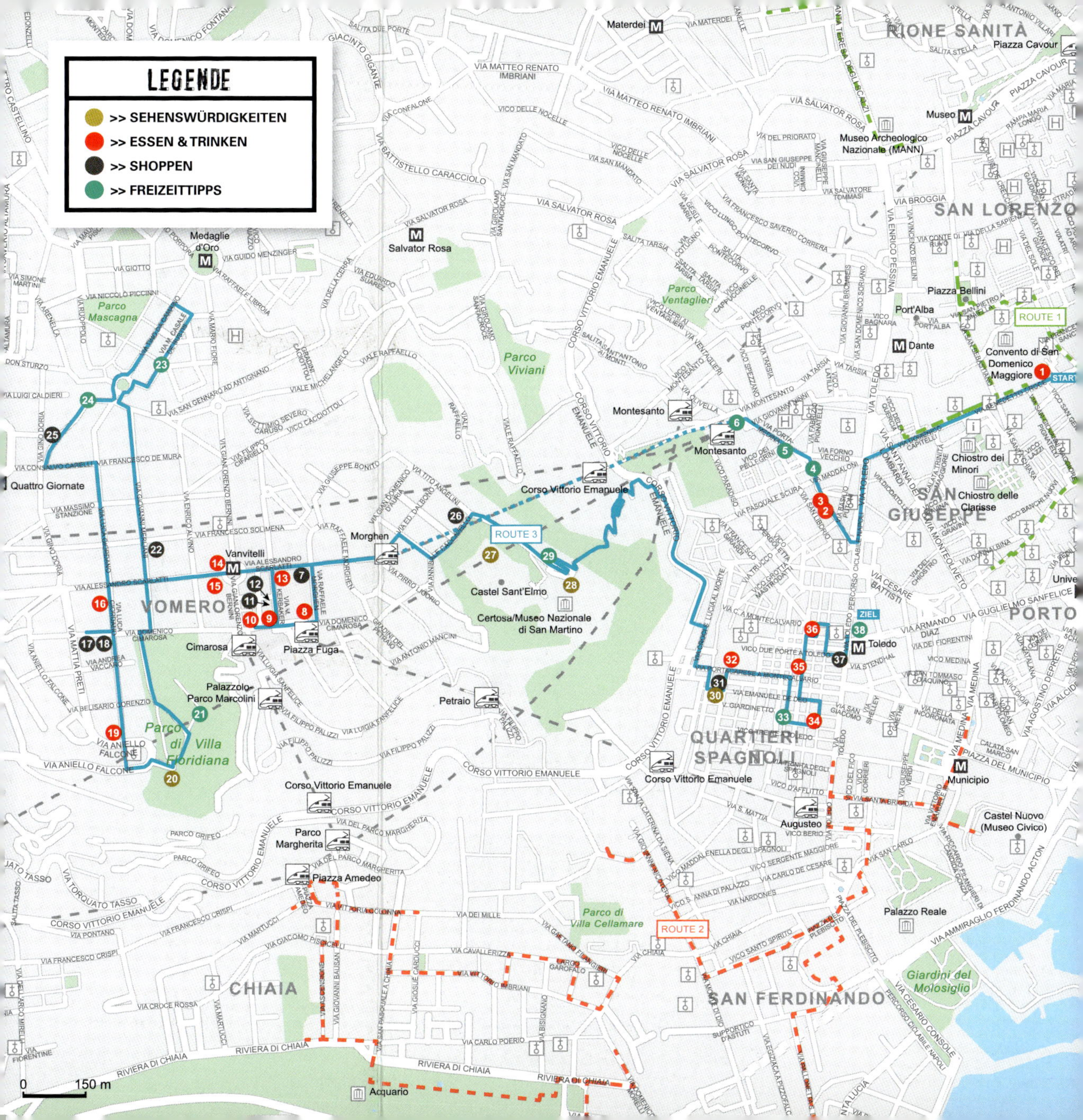
LEGENDE
>> SEHENSWÜRDIGKEITEN
>> ESSEN & TRINKEN
>> SHOPPEN
>> FREIZEITTIPPS
RIONE SANITÀ
Materdei
Piazza Cavour
Museo
Museo Archeologico Nazionale (MANN)
SAN LORENZO
Piazza Bellini
Port'Alba
ROUTE 1
Dante
Convento di San Domenico Maggiore
START
Medaglie d'Oro
Salvator Rosa
Parco Mascagna
Parco Ventaglieri
Parco Viviani
Montesanto
Chiostro dei Minori
SAN GIUSEPPE
Chiostro delle Clarisse
Quattro Giornate
Corso Vittorio Emanuele
ROUTE 3
Morghen
Vanvitelli
VOMERO
Castel Sant'Elmo
Certosa/Museo Nazionale di San Martino
Cimarosa
Piazza Fuga
ZIEL
Toledo
PORTO
Palazzolo-Parco Marcolini
Petraio
Parco di Villa Floridiana
QUARTIERI SPAGNOLI
Municipio
Augusteo
Castel Nuovo (Museo Civico)
Parco Margherita
Piazza Amedeo
Palazzo Reale
Parco di Villa Cellamare
ROUTE 2
CHIAIA
SAN FERDINANDO
Giardini del Molosiglio
RIVIERA DI CHIAIA
Acquario
0
150 m

dert angelegt, um spanische Truppen zu beherbergen. Die Soldaten sollten eventuellen Widerstand der neapolitanischen Bevölkerung ersticken oder bei weiteren Eroberungsfeldzügen eingesetzt werden. Wegen der Anwesenheit der spanischen Soldaten wurde das Viertel schnell für Prostitution und Kriminalität berüchtigt. Heute ist es ein belebtes Arbeiterviertel, in dem es viel zu sehen gibt.

WENIG ZEIT? DAS SIND DIE HIGHLIGHTS:

CASTEL SANT'ELMO + CERTOSA & MUSEO DI SAN MARTINO + VIA PEDAMENTINA + MURALES MARADONA + GEBACKENE PIZZA VON DA FERNANDA

NEAPEL VOMERO & QUARTIERI SPAGNOLI

1. Leopoldo
2. Pizzeria & Trattoria Al' 22
3. Enoteca Yuppi
4. Mercato della Pignasecca
5. I Sapori della Pescheria Azzurra
6. Funicolare Montesanto
7. Gaya Woman
8. Fonoteca
9. Friggitoria Vomero
10. Ristorante Pizzeria Acunzo
11. Sogni di Latte
12. Riot Concept Store
13. Osteria Donna Teresa
14. Trattoria Vanvitelli
15. Gelateria Mennella
16. Café do Brasil
17. Vanesia
18. Gay-Odin
19. Marianna Caffè ED Enoteca
20. Museo Duca di Martina
21. Villa Floridiana
22. Profumeria Sares
23. Mercatino Antignano
24. Borgo di Antignano
25. Ran Antiques
26. De Paola Cameos
27. Castel Sant'Elmo / Museo del Novecento di Napoli
28. Certosa di San Martino / Museo di San Martino
29. Via Pedamentina
30. Murales Maradona
31. Iperpop
32. QUCINE Sociali
33. Riciclarte Miniera
34. Valù Toledo Risotteria
35. Trattoria da Nennella
36. Da Fernanda
37. Mario Talarico
38. Metro-Station Toledo

BESCHREIBUNG ROUTE 3 (ca. 9,5 km)

Folge nach einem Kaffee 1 der Via Benedetto Croce, biege links in die Via Toledo und auf der Piazza Carità rechts in die Via Pignasecca 2 3 4. Bestaune in der Via Portamedina einen Fischladen 5 und fahr mit der *funicolare* 6 hinauf bis Morghen. In der Via Alessandro Scarlatti bekommst du Boho-Kleidung 7. Kehr um und nimm die Via Raffaele Morghen 8, am Ende rechts locken gebratene Antipasti 9 oder Pizza 10. Geh ein Stück zurück und links in die Via Michele Kerbaker 11 12 13. Am Kreisverkehr links gibt's an der Piazza Vanvitelli eine Trattoria 14 und Eis 15, ein Stück weiter links in der Via Luca Giordano Kaffee 16. In der ersten Straße rechts kannst du`Schuhe kaufen 17, geradeaus Schokolade 18 und ein lokales Bier 19. Steig die Treppe hinab und biege links in die Via Falcone, um ein Museum 20 im Park 21 zu besuchen. Verlasse den Park an der Via Domenico Cimarosa, in der Via Giovanni Merliani schräg gegenüber kriegst du Parfüm 22. Folge der Straße bis zur Piazza Antignano. Nimm am Kreisel die Erste rechts und erkunde den Markt 23 auf der Via Marcello Casale de Bustis. Spaziere über Via Raffaele Tarantino und Via Tino di Camaino zurück zur Rotonde. Rechts auf dem Largo Antignano findest du einen Stadtteilmarkt 24, links in der Via Annella di Massimo ein Antiquitätengeschäft 25. Links und dann gleich rechts kannst du in der Via Luca Giordano shoppen gehen. Die dritte Straße links führt dich zurück zur Station Morghen. Folge den Wegweisern zum Castel Sant'Elmo. Geh an der Polizeiwache vorbei rechts in die Via Maestro Colantonio. Gleich wieder links kannst du ein romantisches Geschenk 26 kaufen. Rechts in die Via Tito Angelini warten eine Burg 27, ein Museum und ein Kloster 28. Steige die 414 Stufen hinab 29 und biege rechts auf den Corso Vittorio Emanuele. Genieße die Aussicht und nimm hinter dem Hotel San Francesco al Monte links die Treppe hinab. Unten gehst du rechts in die Via Croci Santa Lucia al Monte. Die zweite Straße links, die zweite rechts und wieder die zweite links führen dich zum Wandgemälde von Maradona 30. Lauf daran entlang und dann nach links, in der Via Concordia locken Kunst 31 und Pizza 32. Geh durch den Vico Totò mit Street-Art und rechts in den Vico Tre Regine zu einer Zimmermannswerkstatt 33. Links in die Via San Matteo a Toledo und die Dritte wieder links kannst du Risotto essen 34. Nimmst du die Zweite links und die Zweite rechts, kommst du zu einer Trattoria 35. Rechts in den Vico Santa Maria delle Grazie a Toledo und gleich wieder links in die Via Speranzella gibt'ss gebratene Pizza 36. Zweimal rechts gelangst du zum Vico Due Porte a Toledo 37, biege zweimal links ab und steig in der Via Toledo in die Metro 38.

SEHENSWÜRDIGKEITEN

(26) Im Park Villa Floridiana kannst du das **Museo Duca di Martina** besuchen. Dort gibt es über fünftausend Keramiken aus der ganzen Welt zu bestaunen. Nimm dir Zeit, um durch die schönen Räume der Villa aus dem 19. Jahrhundert zu schlendern, in der das Museum untergebracht ist.
Via Domenico Cimarosa 77, Via Aniello Falcone 171, www.beniculturali.it/luogo/museo-della-ceramica-duca-di-martina-in-villa-floridiana, Tel. 0815788418, Mo & Mi–So 9.30–17.00, Eintritt 4 €, Metro 1 Vanvitelli, Funicolare Cimarosa

(27) Das **Castel Sant'Elmo** blickt auf eine wechselvolle Geschichte zurück, die bis ins 13. Jahrhundert zurückreicht. Während der spanischen Herrschaft war es eine wichtige Festung. Danach diente es jahrelang als Gefängnis. Jetzt werden in verschiedenen Sälen wechselnde Ausstellungen und Kulturveranstaltungen geboten. Im Innenhof, der Piazza d'Armi, befindet sich das **Museo del Novecento di Napoli**. Von den Burgmauern aus hast du einen herrlichen Blick auf Neapel, besonders auf die Spaccanapoli. Auch die Aussicht auf den Golf von Neapel mit den Inseln Capri, Procida und Ischia ist wunderbar.
Via Tito Angelini 22, www.beniculturali.it/luogo/castel-sant-elmo-e-museo-del-novecento-a-napoli, Tel. 0812294449, Mo & Mi–So 8.30–18.30 Uhr, Eintritt 5 €, Metro 1 Vanvitelli, Funicolare Morghen

(28) 1325 wurde mit dem Bau des Kartäuserklosters **Certosa di San Martino** begonnen. Mönche führten dort ein Einsiedlerleben. Im Kloster findest du Kreuzgänge mit Marmorsäulen und barocken Verzierungen, die Kirche ist bildschön, und auch das **Museo di San Martino**, das die Geschichte Neapels erläutert und sich der Kunst der Weihnachtskrippen, der *presepi*, widmet, lohnt einen Besuch.
Largo San Martino 5, fb @museodisanmartino, Tel. 0812294503, Mo–Di & Do–Sa 8.30–18.30, So 8.30–16.00 Uhr, Eintritt 6 €, Metro 1 Vanvitelli, Funicolare Morghen

(30) Als der Fußballverein SSC Napoli dank Diego Maradona seine zweite Meisterschaft gewann, beauftragte der Einheimische Antonio, alias Bostik, Mario Filardi damit, ein Wandgemälde dieses von vielen Neapolitanern verehrten Fußballhelden anzufertigen. Im Lauf der Zeit verblassten die meterhohen **Murales Maradona** und in Maradonas Gesicht wurde sogar verbotenerweise ein Fenster einge-

28

lassen. 2016 hat man das Kunstwerk restauriert und seit Maradonas Tod ist der Platz ein richtiger Wallfahrtsort geworden. Hier kann man Maradona-Shirts kaufen, Street-Art betrachten und in **La Bodega de D10S** etwas trinken. Wenn Napoli spielt, kannst du hier zusammen mit enthusiastischen Locals das Spiel gucken.
Via Emanuele de Deo, Metro 1 Toledo, Funicolare Augusteo

ESSEN & TRINKEN

(1) **Leopoldo** ist bekannt für *taralli*, herzhaftes ringförmiges Hartgebäck mit Pfeffer und Mandeln. Aber auch für frische Pasta, Eis und Kuchen bist du hier richtig. Leopoldo hat mehrere Filialen in der Stadt, doch diese gehört mit stets fröhlicher und kommunikativer Bedienung zu den nettesten. Auf der Terrasse von Leopoldo kannst du entspannt den Trubel in den Einkaufsstraßen ringsum betrachten.
Via Benedetto Croce 30-31, www.leopoldoinfante.it, Tel. 0810108027, Mo–Do 7.30–21.00, Fr–Sa 7.30–0.00, So 7.30–23.00 Uhr, Preis Espresso mit Snack 3 €, Metro 1 Dante

② Die **Pizzeria & Trattoria Al' 22** liegt beim ältesten Markt der Stadt. Abgesehen von der echten neapolitanischen Pizza bekommst du hier auch typische Gerichte aus regionalen Produkten. Lass dir keinesfalls die gebratenen Antipasti und den frischen Mozzarella entgehen.

Via Pignasecca 22, www.al22pizzeria.it, Tel. 0815522726, Mo 11.30–23.00, Di–Sa 11.00–16.00 & 18.30–0.00, So 12.00–16.30 Uhr, Preis Pizza 5 €, Metro 1 Toledo, 2 Montesanto, Funicolare Montesanto

③ Die Region Kampanien ist bekannt für ihre Weine aus Rebsorten, die auf den vulkanischen Böden gut gedeihen. In der **Enoteca Yuppi** kannst du dich beraten lassen und mit den herrlichsten Weinen eindecken. Bestelle einen Wein vom Fass und setze dich mit Wein und Knabberzeug auf den betriebsamen Pignasecca-Marktplatz.

Via Pignasecca 29, enoteca-yuppi.business.site, Tel. 0815517656, Mo–Sa 9.00–20.30, So 9.00–14.30 Uhr, Preis Glas Wein 4 €, Metro 1 Toledo, Dante, 2 Montesanto, Funicolare Montesanto

⑧ **Fonoteca** ist ein besonders toller Ort – Bar, Restaurant und Musikladen in einem. Geh auf einen Cocktail hin und genieße die Musik. Du kannst auch gut und preiswert essen, von Mittagessen bis Abendessen (auch vegan). Krame zwischendurch in den CD- und Schallplattenständern. Junge Neapolitaner zieht es abends auf einen Drink hierher.

Via Raffaele Morghen 31 c/f, www.fonoteca.net, Tel. 0815560338, Mo–Do 12.00–1.00, Fr–Sa 12.00–2.00, So 18.30–1.30 Uhr, Preis Getränk 3 €, Metro 1 Vanvitelli, Funicolare Piazza Fuga, Cimarosa

⑨ Neapolitaner essen für ihr Leben gern, besonders Gebratenes. Die **Friggitoria Vomero** besteht seit 1938 und ist eine Institution in Vomero. Du hast die Wahl zwischen frisch gebratenen *zeppoline* (Teig mit Algen), Auberginen, mit Ricotta gefüllten Zucchiniblüten und typisch neapolitanischen *panzerotti* (mit Kartoffeln) oder *arancini* (mit Reis). Nicht lange überlegen – zeige auf das, was du möchtest, zahle an der Kasse und schlemme eine Tüte voller Köstlichkeiten.

Via Domenico Cimarosa 44, fb @friggitoria.vomero, Tel. 0815783130, Mo–Fr 8.30–14.30 & 17.00–21.00, Sa 8.30–23.00 Uhr, Preis gebratene Antipasti 0,25 bis 1,50 €, Metro 1 Vanvitelli, Funicolare Piazza Fuga, Cimarosa

(10) **Ristorante Pizzeria Acunzo** ist die bekannteste Pizzeria von Vomero. Die Pizzen schmecken köstlich und manche sind ziemlich speziell. Es gibt traditionelle, wie Margherita und Marinara, aber auch ausgefallene mit *ragù*, Pasta, Ricotta oder Auberginen. Alle Pizzen werden aus lokalen Zutaten hergestellt.
Via Cimarosa 60-62, www.acunzo1964.it, Tel. 0815785362, tgl. 13.00–15.30 & 19.00–23.30 Uhr, Preis Pizza 5 €, Metro 1 Vanvitelli, Funicolare Piazza Fuga, Cimarosa

(13) Wenn du schon vor der Öffnungszeit an der **Osteria Donna Teresa** vorbeikommst, siehst du wahrscheinlich Teresa oder ein anderes Familienmitglied am Tisch Gemüse schneiden. Ein Mittagessen oder eine *cena* hier ist wie der Besuch bei einer italienischen Mutter. Gut zubereitetes Essen, einfache, aber solide Gerichte und das Gefühl, verwöhnt zu werden. Es gibt keine Speisekarte, aber immer die Wahl zwischen zwei Gerichten. Täglich wird das gekocht, was gerade frisch auf dem Markt gekauft wurde.
Via Michele Kerbaker 58, Tel. 0815567070, Mo–Sa 12.30–15.00 & 19.30–22.00 Uhr, Preis Mahlzeit mit zwei Gerichten 12 €, Metro 1 Vanvitelli, Funicolare Piazza Fuga, Cimarosa, Morghen

(14) Die **Trattoria Vanvitelli** ist so ein Lokal, in das die Einheimischen mit der ganzen Familie oder einer Gruppe von Freunden auf eine Pizza oder etwas anderes Leckeres gehen. Es ist genau wie Neapel selbst: voll, etwas chaotisch, alle reden laut, Kinder dürfen herumrennen und auch der Hund muss nicht draußen bleiben. Zum Restaurant gehört überraschenderweise ein Garten, eine kleine Ruheoase.
Piazza Vanvitelli 9/c, fb @trattoria.vanvitelli1, Tel. 0815563015, tgl. 12.30–16.00 & 19.30–1.00 Uhr, Preis Mittagsmenü 10 €, Metro 1 Vanvitelli, Funicolare Piazza Fuga, Cimarosa, Morghen

(15) Die Pasticceria Mennella stammt ursprünglich aus der Stadt Torre del Greco, wo sie schnell Erfolge verbuchte, erst recht, als sie begann, Eis ausschließlich aus natürlichen Produkten herzustellen. Inzwischen findet sich an mehreren Ecken Neapels eine **Gelateria Mennella**, die du unbedingt aufsuchen solltest, um dieses himmlische Eis zu kosten!
Via Scarlatti 97, www.pasticceriamennella.it, Tel. 0815580171, tgl. April–Okt. 10.00–1.00, Nov.–März 10.30–0.00 Uhr, Preis kleines Eis 2,50 €, Metro 1 Vanvitelli, Funicolare Piazza Fuga, Cimarosa, Morghen

8
APEROL
Spritz

1
FROLLE

35

3
MERLOT
PINOT NERO
ALTO ADIGE

16

35

⑯ *Su con la Vita*! Das ist das Motto des **Café do Brasil**, auf gut Deutsch: Kopf hoch! Mit einem Muntermacher-Espresso aus dieser Bar und dem Lächeln der Baristas klappt das bestimmt. Die Bar findet man auf keiner Website, trotzdem ist sie immer voll. Viele Stammgäste kommen schon seit 1955 her. Spezialität des Hauses ist Kaffee aus brasilianischen Kaffeebohnen mit Schlagsahne. Auf den Säcken, die früher am Hafen ankamen, stand Café do Brasil, daher der Name.

Via Luca Giordano 31, Tel. 0815564568, tgl. 7.00–21.00 Uhr, Preis Espresso 0,90 €, Metro 1 Vanvitelli, Funicolare Piazza Fuga, Cimarosa

⑲ **Marianna Caffè ED Enoteca** ist ein Plätzchen, das man zu finden wissen muss. Hier kannst du auf einer Straßenterrasse mit schönem Blick über den Golf von Neapel sitzen. Spezialität ist das neapolitanische Bier N'artigiana, das erste Bier, das unter neapolitanischer Sonne gebraut wird und sogar eine Maradona-Version hat.

Via Aniello Falcone 147, fb @mariannacaffeenotecabirreria, Tel. 0810480870, tgl. 6.30–21.00 Uhr, Preis Getränk 3 €, Metro 1 Vanvitelli, Funicolare Piazza Fuga, Cimarosa

(32) Besuche **QUCINE Sociali** auf eine neapolitanische Pizza, Häppchen oder um entspannt in der Bar zu loungen. In dem riesigen Gebäude finden Kulturveranstaltungen und Ausstellungen statt, auch eine Schule und mehrere soziale Organisationen sind hier untergebracht. Der gemütliche Innenhof ist mit einem kunstvoll gestalteten, durchsichtigen Blatt überdacht. Per Aufzug kommst du auf eine Terrasse mit herrlicher Aussicht auf die Quartieri Spagnoli.

Via Portacarrese a Montecalvario 69, fb @qucinesociali, Tel. 3334386075, Mo–Di, Do & Sa–So 17.00–0.00, Mi & Fr 8.00–0.00 Uhr, Preis Pizza 5 €, Metro 1 Toledo, Funicolare Augusteo

(34) Für ein schmackhaftes Risotto mit einem guten Wein musst du unbedingt bei **Valù Toledo Risotteria** oder **Valù Braceria Risotteria** in Vomero (Via Luca Giordano 21) einkehren. Ein modernes Restaurant mit köstlichen Risottos und ausgesuchten Weinen. Nimm ein traditionelles Risotto, zum Beispiel mit Garnelen und Zucchini, oder ein ausgefalleneres, wie das mit Ananas.

Vico Lungo del Gelso 80, www.valu.it, Tel. 0810381139, Mo–Sa 12.30–16.00 & 19.00–1.00 Uhr, Preis 15 €, Metro 1 Toledo, Funicolare Augusteo

(35) Mitten in den Quartieri Spagnoli liegt die **Trattoria da Nennella**, neapolitanisch für „Mädchen". Tatsächlich hat man den Eindruck, bei einer typisch neapolitanischen Mutter zu essen. Leckere Hausmannskost wie Pasta mit Bohnen oder Pasta mit Kartoffeln und *provola*, zu guten Preisen und gewürzt mit neapolitanischen Witzchen.

Vico Lungo Teatro Nuovo, fb @trattoriadanennella, Tel. 081414338, Mo–Sa 12.00–15.00 & 19.00–23.00, So 9.00–15.00 Uhr, Preis Zweigängemenü 12 €, Metro 1 Toledo, Funicolare Augusteo

(36) Die gebratene Pizza ist eine echte Delikatesse in Neapel. Um keine zu fette und schwere *pizza fritta* zu bekommen, musst du unbedingt zu **Da Fernanda**. Fernanda wohnt in einem *basso* (Einzimmerwohnung) in den Quartieri Spagnoli und zaubert in einem *basso* im Haus gegenüber die leckerste gebratene Pizza überhaupt. Fernanda ist nicht da? Dann geh hinüber in die Via Giuseppe Simonelli und hol dir deine gebratene Pizza bei Gennaro an der Ecke.

Via Speranzella 180, Mo–Sa 12.00–15.00 & 17.30–21.00 Uhr, Preis Pizza groß 3 €, klein 2 €, Metro 1 Toledo, Funicolare Augusteo

SHOPPEN

⑦ Im Sommer bist du bei **Gaya Woman** richtig für Bikinis, Hüte und tolle Boho- und Gipsy-Kleider. Marken wie Wild Paris, Miss June und SLUIZ. IBIZA bestimmen das Bild. Wenn es kälter wird, findest du dort auch schöne Wollsachen.
Via Alessandro Scarlatti 43, www.gayawoman.com, Tel. 0815586746, Mo–Sa 9–30–13.30 & 16.30–20.00 Uhr, Metro 1 Vanvitelli, Funicolare Piazza Fuga, Cimarosa, Morghen

⑪ Bei **Sogni di Latte** betrittst du die Welt von Milch und Käse. Hier bekommst du nur die besten Käsesorten Italiens und zwei Arten von Mozzarella: die Top-Qualität aus der Region Benevent und den allerbesten aus dem Raum Paestum. Darüber hinaus führen sie auch Honig, Bio-Marmeladen, Brot und lokale Weine.
Via Michele Kerbaker 15, www.sognidilatte.it, Tel. 08119530308, Mo–Sa 8.00–14.30 & 16.00–20.30, So 9.00–14.30 Uhr, Metro 1 Vanvitelli, Funicolare Piazza Fuga, Cimarosa, Morghen

⑫ Der **Riot Concept Store** ist prima für Musik- und Klamottenfans, für Jeans- und Schuhliebhaber sowie für alle, die bloß einen coolen Ort zum Essen und Trinken suchen. Ein modernes, nachhaltiges Konzept mit gastfreundlichem Empfang und wunderbarer Atmosphäre. Es gibt mehrere Räume, unterteilt in Bar, Musikladen und Klamottenladen, wo du Jeans personalisieren lassen kannst.
Via Michele Kerbaker 19, fb @riotconceptstore, Tel. 08119578491, tgl. 10.00–2.00 Uhr, Metro 1 Vanvitelli, Funicolare Piazza Fuga, Cimarosa, Morghen

⑰ Im Schuhgeschäft **Vanesia** wird Service großgeschrieben, sein Motto lautet: Weniger ist mehr. Antonio bereist auf der Suche nach den neuesten Trends Stadt und Land, die Schuhe stammen von hippen Marken wie Nomadic und Audley.
Via Domenico Cimarosa 91/e, www.vanesia.net, Tel. 0815781985, Mo–Fr 9.30–13.30 & 16.00–20.00, Sa–10.00–20.00 Uhr, Metro 1 Vanvitelli, Funicolare Piazza Fuga, Cimarosa

⑱ Nach der handgemachten Schokolade der neapolitanischen Chocolaterie **Gay-Odin** möchte man sich alle Finger ablecken. Die Philosophie des Gründers Isidoro Odin bestimmt immer noch die Arbeitsmethode: vollen Geschmack für die Menschen am Vesuv zu kreieren, die das Leben so intensiv zu genießen wissen. Die Geschäfte sind ansprechend eingerichtet. Es gibt Schokolade aller

Handmade good(s)!

Sorten und Größen, verpackt in wunderschönen Schachteln mit einem Bild des Vesuvs. In vielen Filialen wird auch Eis verkauft.
Via Luca Giordano 21, www.gay-odin.it, Tel. 0815783380, Mo–Sa 9.30–20.00, So 10.00–14.00 & 16.30–20.00 Uhr, Metro 1 Vanvitelli, Funicolare Piazza Fuga, Cimarosa

(22) Betritt man die **Profumeria Sares**, wähnt man sich in einer anderen Welt. Eine Oase faszinierender, einzigartiger und vor allem schöner Dinge, von Parfüms und ätherischen Ölen bis hin zu Schmuck aus Frankreich, Israel, Amerika und Italien.
Via Giovanni Merliani 84, www.profumeriasares.com, Tel. 0815789006, Mo–Sa 10.00–13.30 & 16.30–20.00 Uhr, Metro 1 Vanvitelli, Funicolare Piazza Fuga, Cimarosa

(25) Im Laden **Ran Antiques** auf dem Markt im antiken Borgo di Antignano gibt's so viel, dass du erst einmal Zeit zum Umschauen brauchst. Von Schmuck bis Figuren, von Lampen bis Möbel, von Antiquitäten bis zu etwas moderneren Dingen. Alles sind Einzelstücke, und du kannst hier echte Schnäppchen machen.
Via Annella di Massimo 44, Tel. 0815569861, tgl. 10.00–13.00 Uhr, Metro 1 Quattro Giornat

(26) Angesichts der filigranen Kameen-Meisterwerke bei **De Paola Cameos** traut man seinen Augen kaum. Eine romantische Geschichte von Seeleuten, die an fernen tropischen Orten voller Heimweh die Gesichter ihrer Lieben in Muscheln kerben, erklärt den Ursprung dieses Handwerks. Die Designs variieren zwischen altmodisch und modern.
Via Tito Angelini 20, www.cameodepaola.it, Tel. 08119168284, Mo–Sa 9.00–20.00 Uhr, Metro 1 Vanvitelli, Funicolare Morghen

(31) **Iperpop** von Ciro Soprano befindet sich in einem *basso* direkt an der Straße. Ciro ist in den Quartieri Spagnoli aufgewachsen. Er ging auf Reisen und sammelte Inspirationen für seine Pop-Art-Kunst. Die aktuellen Veränderungen in den Quartieri Spagnoli veranlassten ihn zurückzukehren, um einen Beitrag zur Wiederauferstehung dieses Arbeiterviertels zu leisten.
Via Concordia 75, insta @ciro_soprano_iperpop, Tel. 3401450374, Mo–Di & Do–Fr 10.00–13.00 Uhr, Metro 1 Toledo, Funicolare Corso V. Emanuele

(37) Falls es während deines Besuchs in Neapel regnet, wirst du feststellen, dass alle einen Regenschirm haben. Eine gute Gelegenheit, um bei **Mario Talarico** einen traditionell hergestellten Schirm zu kaufen. Schon seit vier Generationen macht man hier Schirme für königliche Familien und Promis. Wirf auch einen Blick in die Werkstatt im Vico Due Porte a Toledo 4/B, wo Mario oft bei der Arbeit ist.
Via Toledo 329, www.mariotalarico.it, Tel. 0813594761, Mo–Sa 9.30–13.30 & 16.30–20.00 Uhr, Metro 1 Toledo, Funicolare Auguste

FREIZEITTIPPS

(4) Auf dem ältesten Markt Neapels, dem **Mercato della Pignasecca**, findest du fast alles und das für wenig Geld: Sommerhüte, Kleidung und Bettwäsche, doch die eigentliche Überraschung sind die Lebensmittel: Obst, Gemüse, Kräuter und natürlich der frische Fisch. Von *vongole* bis Schwertfisch – es ist das pure Vergnügen, hier tief ins authentische Neapel einzutauchen. Es gibt auch mehrere *tripperie*, wo du lokale Leckerbissen probieren kannst.
Via Enrico Pessina, tgl. 8.00–14.00 Uhr, Metro 1 Dante, 2 Montesanto, Funicolare Montesanto

(5) **I Sapori della Pescheria Azzurra** beim Mercato della Pignasecca ist der berühmteste Fischhändler Neapels. Es ist ein Erlebnis zu sehen, wie all der frische Fisch präsentiert wird und die Verkäufer daraus fast eine Theatervorstellung machen. Die Locals kommen gern hierher um Fisch zu kaufen, eine wichtige Zutat der neapolitanischen Küche. Probiere echtes neapolitanisches Streetfood, eine *cuoppo di pesce*, eine Tüte gebratene Fischstückchen. Anschließend kannst du dich an ein Tischchen setzen und zu guten Preisen andere Fischgerichte essen.
Via Portamedina 5, Tel. 08119250592, Di–Fr 7.00–23.00, Sa 7.00–21.00, So 7.00–16.00 Uhr, Preis Tüte 5 €, Metro 1 Dante, 2 Montesanto, Funicolare Montesanto

(6) Die erste *funicolare* (Standseilbahn) wurde 1880 am Vesuv eröffnet. Sie existiert nicht mehr, aber Neapel hat noch vier weitere. Drei davon verbinden die Altstadt mit dem höher gelegenen Viertel Vomero. Am schönsten ist die Station der **Funicolare Montesanto**, sie wurde unter Berücksichtigung der historischen Elemente mit viel Eisen und Glas renoviert. Die Fahrt nach oben ist ohnehin schon toll, aber wenn auch noch der übliche Straßenmusiker mitfährt, kann es sein, dass du laut mitsingend hinauffährst.
Piazza Montesanto, www.anm.it, tgl. 7.00–22.00 Uhr, Preis einfache Fahrt 1,10 €, Metro 2 Montesanto, Funicolare Montesanto

(21) **Villa Floridiana** ist ein eleganter Park, in dem man spazieren gehen, im Gras picknicken oder die Schildkröten im Brunnen betrachten kann. Die Aussicht vom Rand des Parks ist wunderbar: sie umfasst ein ganzes Stadtgebiet, einschließlich Mergellina und Posillipo. Mitten im Park steht das Museo Duca di Martina.
Via Domenico Cimarosa 77, Via Aniello Falcone 171, Tel. 0815788418, Sommer Mo & Mi–So 8.30–19.00, Winter Mo & Mi–So 8.30–16.00, Eintritt frei, Metro 1 Vanvitelli, Funicolare Piazza Fuga, Cimarosa

(23) Der **Mercatino Antignano** ist der Markt von Vomero, aber auch aus anderen Stadtteilen kommt man gern hierher. Abgesehen von Haushaltswaren, Gemüse und Obst findest du dort eine große Auswahl preiswerter Bekleidung, Schuhe und Taschen, auch von namhaften Herstellern. Die Markthändler geben sich alle Mühe, Kunden anzulocken, was die Atmosphäre besonders lebhaft macht.
Via Casale de Bustis Marcello, Via Francesco Azzi, Mo–Sa 8.00–14.00 Uhr, Metro 1 Medaglie d'Oro

23

38

23
UNICA SEDE
CIUCCULATIN
UNICA SEDE
UNICA SEDE

6
88.88
A.T.A.N.
FUNICOLARE
CENTRALE
NAPOLI 1975

29
Let your feet
take you there

(24) **Borgo di Antignano** ist der älteste Teil des Viertels Vomero. Plötzlich fühlst du dich in eine Stadt aus früheren Zeiten zurückversetzt, mit Marktständen, an denen Fisch, Obst und Gemüse verkauft wird. Es herrscht eine lockere, authentische Atmosphäre, ein überraschendes Fleckchen in Vomero.
Largo Antignano, tgl. 8.00–20.00 Uhr, Metro 1 Quattro Giornate

(29) Über die **Via Pedamentina** geht es von San Martino hinunter zur Spaccanapoli und zum Stadtteil Quartieri Spagnoli. Die Treppe mit 414 Stufen wurde für den Materialtransport und von den Leuten genutzt, die beim Bau des Klosters San Martino halfen. An den Glasscherben siehst du, dass dies abends eine beliebte, feuchtfröhliche Partylocation ist. Genieße beim Abstieg die Ruhe, die schöne Aussicht und die hübschen Häuschen. Wenn du dann wieder Verkehrslärm hörst, weißt du, dass du am Corso Vittorio Emanuele angekommen bist.
Via Pedamentina, Metro 1 Vanvitelli, Funicolare Morghen

(33) **Riciclarte Miniera** ist das Atelier von Salvatore Iodice, einem engagierten Künstler aus den Quartieri Spagnoli, der versucht, das Viertel von seiner besten Seite zu zeigen. Er produziert fröhliche Kunst aus Abfällen, die auf der Straße zurückgelassen wurden – das soll die Menschen in der Nachbarschaft ermutigen, ihr Viertel mit Sorgfalt zu behandeln. Die bunten Wegweiser, denen du im Viertel begegnest, stammen aus seiner Hand. Du kannst seine Bemühungen unterstützen, indem du hier in seiner Werkstatt ein cooles T-Shirt oder ein handgefertigtes Bild aus recycelten Materialien kaufst.
Vico Tre Regine 48, www.minieraquartierispagnoli.it, Tel. 3394631751, Mo–Sa 10.00–19.00 Uhr, Eintritt frei, Metro 1 Toledo, Funicolare Augusteoo

(38) Der Bau neuer U-Bahn-Linien dauert in Neapel ewig, weil so viel Historie unter der Erde liegt und ständig noch etwas entdeckt wird. Um die Fundstücke der Öffentlichkeit zu präsentieren, beschloss man, sie an einigen Metrostationen auszustellen. Daneben gibt es noch ein zeitgenössisches Kunstprojekt: In vielen U-Bahnhöfen der Linie 1 ist moderne Kunst zu sehen. Fahre unedingt einmal mit der Metro von der **Station Toledo** ab, nicht umsonst wurde diese Station zur schönsten U-Bahnstation Europas gekürt. Auf der Website von ANM stehen alle Infos zu diesen Kunststationen.
Via Toledo, metroart.anm.it, Preis einfache Fahrt 1,10 €, Metro 1 Toledo

ROUTE 4

PORTICI, VESUV, ERCOLANO & POMPEI

INFOS ZUR ROUTE

Die Scavi di Pompei sind ein Muss, aber die Scavi di Ercolano sind besser erhalten, farbenfroher und vollständiger. Die Scavi di Pompei dagegen vermitteln dir ein gutes Bild vom städtischen Leben jener Zeit. Der Vesuv ist den ganzen Tag über leicht zu besteigen; im Winter kann oben Schnee liegen und bei Schlechtwetter ist er gesperrt. Um einige Adressen auf der Route zu erreichen, musst du die Vorortbahn, die Circumvesuviana, und/oder den Bus nehmen. Für diese Strecke ist auch ein Auto praktisch.

DIE ORTE

Im 18. Jahrhundert wählte Bourbonen-König Karl V. **Portici** aus, um dort die Sommer zu verbringen. Die Familie baute einen Sommerpalast, und rasch folgten andere Adelsfamilien. So entwickelte sich hier der *Miglio d'Oro*, die „Goldene Meile", mit den prächtigsten Residenzen am Fuß des Vesuvs.

Der Ort **Ercolano** ist an sich keine Besonderheit. Im Zweiten Weltkrieg entstand hier ein Markt für Diebesgut, heute ist das der größte Flohmarkt Süditaliens, auf dem hauptsächlich Ramsch und Second-Hand-Klamotten verkauft werden. Das römische Herculaneum wurde während des Vulkanausbruchs 79 n. Chr. mit Lava und Schlamm bedeckt und blieb daher besser erhalten als Pompeji.

Die Umgebung rund um den **Vesuv** (Vesuvio) wird in vielfacher Hinsicht durch den mittlerweile ruhenden Vulkan beeinflusst, der letzte Ausbruch war 1944. Jetzt beherrscht er das Panorama am Golf von Neapel. In dieser Region kann man gut essen, Weinproben machen, wandern und Rad fahren.

Das heutige **Pompei** ist wegen der archäologischen Ausgrabungen weltberühmt. Die antike Stadt Pompeji wurde 79 n. Chr. durch den Ausbruch des Vesuvs zer-

San Giorgio a Cremano
START
A3
Portici
ROUTE 4
Ercolano
s. Detailplan Portici und Ercolano
Vesuv
A3
Torre del Greco
Boscotrecase
Trecase
Boscoreale
Golf von Neapel
A3
s. Detailplan Pompei
ZIEL
ROUTE 4
Torre Annunziata
Pompei
A3
LEGENDE
>> SEHENSWÜRDIGKEITEN
>> ESSEN & TRINKEN
>> SHOPPEN
>> FREIZEITTIPPS
0
250
Parco Superiore
Parco Inferiore
Portici-Ercolano
Via Emanuele Gianturco
Corso Umberto I
Via Università
Via Lorenzo Rocco
Corso Resina
Via Roma
Via Nuovo Macello
Via Canalone
Via Quattro Novembre
Via Marcello Venuti
Via Panoramica
Primo Tratto Via Alveo
A3
Ercolano Scavi
Via Amedeo Bordiga
Via Tironi di Moccia
Corso Italia
Primo Tratto Via Alveo
Via Belvedere
Via Doglie
Ercolano Miglio D'Oro
Via Pignalver
Via Macello
Corso Umberto I
Via Aldo Moro
Via Quattro Orologi
Via E. Bossa
Via Marittima
Via Gabriele D'Annunzio
Vicolo Favorita
Traversa Russo
Corso Resina
Via Fiorillo
Via Capri
Golf von Neapel
0
250 m
PORTICI UND ERCOLANO
POMPEI
Via Salvo D'Acquisto
Via Crapolla
ZIEL
Via Antonio Segni
Via Nolana
Percorso Fuori le Mura
Via delle Tombe
Vicolo della Fullonica
Vicolo dei Vettii
Via Nola
Vicolo di Tesmo
Via Stabiana
Via dell'Abbondanza
Via Nocera
Via di Castricio
Pompei Santuari
Pompei Scavi-Villa dei Misteri
Via Marina
Autostrada A3
Via Plinio
Via Plinio
Via Roma
Via Plinio
Via Colle San Bartolomeo
Via Vittorio Emanuele
Via Piave
Via Lepanto
Via Sacra
Viale Giuseppe Mazzini
0
250 m
Pompei

stört. Dem Lavastrom ging eine Explosion heißer Gase voraus, die mehr Todesopfer forderte als der Ausbruch danach. Die Glutaschewolke, die über die Stadt raste, hatte zur Folge, dass die Menschen praktisch verdampften und so Hohlräume in der Ascheschicht hinterließen. Als Forscher diese mit Gips ausgossen, erhielten sie perfekte Abdrücke der Menschen, die damals in Pompeji lebten. Heutzutage ist Pompei stark vom Strom internationaler Touristen geprägt, die herkommen, um die Ausgrabungsstätte zu besichtigen.

WENIG ZEIT? DAS SIND DIE HIGHLIGHTS:

SCAVI DI ERCOLANO + PARCO NAZIONALE DEL VESUVIO + SCAVI DI POMPEI + CAMPANILE DI POMPEI + SCAVI DI OPLONTIS

TIPPS

// Für einen ersten Besuch
// Rad fahren im Parco Nazionale del Vesuvio
// Auf mehrere Tage auf teilen; teils mit öffentlichen Verkehrsmitteln

PORTICI, VESUV, ERCOLANO & POMPEI

1. Gattò Bistrot
2. Reggia di Portici
3. Turtle Point
4. Mercato di Resina
5. Old Star Vintage
6. Panilandia Paninoteca
7. Museo Archeologico Virtuale
8. Pappamonte
9. Scavi di Ercolano
10. Viva Lo Re
11. Villa Campolieto
12. Villa la Favorita
13. Terrazza Due Golfi
14. Parco Nazionale del Vesuvio
15. Scavi di Oplontis / Villa Poppaea
16. Antiquarium Boscoreale / Villa Regina
17. Hortus Restaurant & Garden Bar
18. Scavi di Pompei
19. Terme Suburbane
20. Foro di Pompei
21. Villa dei Misteri di Pompei
22. Casa del Fauno
23. Lupanare di Pompei
24. Anfiteatro di Pompei
25. Pizzeria I Matti
26. Add'ù Mimì
27. De Vivo
28. Campanile di Pompei
29. Santuario della Beata Vergine del Rosario di Pompei
30. Vapoforno Amato
31. Ristorante Garum
32. Osteria da Peppino – La Dispensa dell'Oste
33. Erman Cafè
34. Bosco de' Medici Winery

BESCHREIBUNG ROUTE 4 (ca. 31 km)

Steig in einen Circumvesuviana-Zug der Linie Napoli–Poggiomarino oder Napoli–Sorrento. In der Nähe des Bahnhofs Portici Bellavista kannst du in ein Restaurant mit Katzen einkehren 1. Dann fährst du weiter bis Portici Via Libertà. Nimm die Via Alcide de Gasperi, lauf rechts die Via della Salute hinauf und geradeaus weiter bis zur Via Università. Links wartet ein Königspalast 2 auf Besichtigung. Spaziere danach rechts in die Via Roma und Richtung Meer, um dem Schildkrötenzentrum einen Besuch abzustatten 3 oder weiter auf dem Corso Resina Richtung Ercolano. Zum Shoppen biegst du links in die Via Fontana und wieder links in die Via Pugliano 4 5. Geh rechts die Via Ortora bis ans Ende, links in die Via Trentola und dann zweimal rechts, sodass du in der Via IV Novembre herauskommst. Dort kannst du ein Brötchen kaufen 6, ein virtuelles Museum 7 und ein gutes Restaurant 8 besuchen und die Ausgrabungen 9 anschauen. Weiter geht's auf dem Corso Resina 10, wo du die schönen Villen bewunderst 11 12. Biegst du links in die Via Emilio Bossa, gelangst du zum Bahnhof Ercolano Miglio d'Oro. Fahre bis Ercolano Scavi, um einen Bus oder ein Taxi zum Versuv zu nehmen 13 14 oder fahre bis Torre Annunziata Oplonti. Dort führt die Via Sepolcri dich zu einer kaiserlichen Ausgrabung 15. Kehr zum Bahnhof zurück und nimm den Zug Richtung Sorrent. Steige an der Station Villa Regina aus, links in die Via Settetermini und links in die Via Le Corbusier kommst du zum Antiquarium 16. Lauf zurück zum Bahnhof und fahr bis zur nächsten Station, Pompei Scavi – Villa dei Misteri. In Bahnhofsnähe kannst du etwas essen und trinken 17, bevor du die berühmten Ausgrabungen von Pompeji besichtigst 18 19 20 21 22 23 24. Verlasse anschließend die Ausgrabungsstätte durch den Ausgang an der Piazza Immacolata. Rechts gibt's Pizza 25, links locken eine Trattoria 26 und eine *pasticceria* 27. Geh weiter Richtung Kathedrale 28 und Glockenturm 29, überquere die Piazza Bartolo Longo und biege in die Via Sacra ein 30. Am Ende der Straße findest du rechts ein Lieblingslokal der Einheimischen 31. Geh ein Stück zurück, rechts in die Via Ospizio und dann links in die Via Duca d'Aosta 32. Rechts in der Via Carlo Alberto bekommst du einen starken Espresso 33. Spaziere wieder Richtung Kathedrale und dann die Via Nolana entlang. Biege links in die Via Antonio Segni ab und besuche zum Abschluss der Route noch ein Weingut 34.

SEHENSWÜRDIGKEITEN

(2) Die **Reggia di Portici** war der Sommerpalast von Karl von Bourbon und wurde später seine ständige Residenz. Der Bau war 1742 fertig, danach wurde noch ein schöner Park angelegt. Ende 1800 wurde der Palast als landwirtschaftliche Fakultät der Universität Federico II. umgenutzt und der Park um botanische Gärten erweitert. Im Gebäude residieren jetzt verschiedene Sammlungen und Museen, darunter das Weinmuseum, besonders schön ist der Chinesische Saal. Ein Besuch im Palast überrascht mit verborgenen Schätzen und hübschen Ecken.
Via Università 100, Portici, www.centromusa.it/it/real-sito-di-portici.html, Tel. 3512847206, Di–So 9.30–19.00 Uhr, Eintritt 5 €, Circumvesuviana Portici Via Libertà

(9) Die **Scavi di Ercolano** sind eigentlich schöner als die Ausgrabungen von Pompeji. Herculaneum war eine Kleinstadt, in der viele reiche Römer eine Ferienvilla hatten. Die Villen waren groß, nobel eingerichtet und hatten Gärten mit Meerblick. Beim Ausbruch des Vesuvs im Jahr 79 n. Chr. wurde die Stadt unter einer Schicht aus Lava und Schlamm begraben. Dadurch sind einmalige Dinge erhalten geblieben, wie Holztüren, Stoffe und sogar Krüge, in denen noch Oliven waren.
Corso Resina, Ercolano, Ercolano.beniculturali.it, Tel. 0817777008, Mitte März–Mitte Okt. Mo–Di & Do–So 9.30–19.30 (Einlass bis 18.00 Uhr), Mitte Okt.–Mitte März Mo–Di & Do–So 8.30–17.00 Uhr (Einlass bis 15.30 Uhr), Eintritt 13 €, Circumvesuviana Ercolano Scavi

(11) **Villa Campolieto** und Villa La Favorita sind zwei der 122 Vesuv-Villen, die ab Mitte des 18. Jahrhunderts diese Gegend zierten. Gioffredo und Vanvitelli begannen 1755 mit dem Bau der Villa Campolieto. Eine monumentale Treppe verbindet Erd- und Obergeschoss. Heute ist die Villa ein internationales Zentrum für Kunst und Kultur, im August wird hier das Festival delle Ville Vesuviane abgehalten.
Corso Resina 283, Ercolano, www.villevesuviane.net, Tel. 0817322134, Di–Fr 10.00–18.00, Sa–So 10.00–13.00 Uhr, Kombiticket Villa Campolieto + Park Villa la Favorita 5 €, Circumvesuviana Ercolano Miglio d'Oro

(12) Die **Villa la Favorita** von 1768, entworfen von Ferdinando Fuga als Königsresidenz, ist verschwenderisch ausgestattet. Zu ihr gehört ein Park mit einem Spazierweg am Meer. Kürzlich wurde in einem Nebengebäude der Villa ein

19

18

9

prächtiges Mosaik wiedergefunden. Beim Besuch solcher Schmuckstücke wird einem bewusst, welcher Reichtum und welche Raffinesse damals geherrscht haben müssen – und jetzt liegt vieles in Trümmern, der Kontrast ist enorm. Der Parkbesuch ist im Eintritt zur Villa Campolieto inbegriffen. Erkundige dich vorher, ob auch die Villa Favorita geöffnet hat oder nur der Park.

Via Gabriele d'Annunzio 36, Ercolano, www.villevesuviane.net, Tel. 0817322134, Di–Fr 10.00–18.00, Sa–So 10.00–13.00 Uhr, Kombiticket Villa Campolieto und Park Villa la Favorita 5 €, Circumvesuviana Ercolano Miglio d'Oroo

(15) Im sehenswerten römischen Ausgrabungsort **Scavi di Oplontis** kannst du die **Villa Poppaea** besuchen. Sie wurde ungefähr in der ersten Hälfte des 1. Jahrhunderts n. Chr. erbaut und ist reich an Fresken, Marmorskulpturen und Thermalbädern. Während der Ausgrabungen kam auch eine Villa zum Vorschein, in der das Gold von Oplontis gefunden wurde: goldene Münzen, Schmuck und Kosmetika.

Via dei Sepolcri, Torre Annunziata, www.pompei.it/scavi/oplontis.htm, Tel. 08185 75347, Mo & Mi–So 9.00–17.30 Uhr, Kombiticket Scavi di Oplontis und Antiquarium Boscoreale 7 €, Circumvesuviana Torre Annunziata Oplonti

(16) Im **Antiquarium Boscoreale** wird anhand von Fundstücken aus verschiedenen archäologischen Ausgrabungen wie Pompeji, Herculaneum und Oplontis die Interaktion zwischen Mensch und Umwelt in der Umgebung des Vesuvs in der römischen Zeit rekonstruiert. Der Besuch endet im restaurierten römischen Bauernhaus **Villa Regina**, wo du ein komplett im pompejischen Stil eingerichtetes Zimmer besichtigen kannst.
Viale Villa Regina 1, Boscoreale, pompeiisites.org/boscoreale/antiquarium-boscoreale, Tel. 0818575347, tgl. April–Okt. 8.30–19.30, Nov.–März 8.30–17.00 Uhr, Eintritt 5,50 €, Kombiticket Scavi di Oplontis & Antiquarium Boscoreale 7 €, Circumvesuviana Villa Regina

(18) Die **Scavi di Pompei** sind weltbekannt durch die Beschreibung des Vesuvausbruchs von Plinius, die Gipsabdrücke von Menschen und die Tatsache, dass von der Stadt so viel erhalten geblieben ist. Beim Herumgehen spürst du, wie groß und belebt sie vor dem Ausbruch gewesen sein muss, die langen Straßen, das riesige Theater, die noblen Häuser, die Bars und Restaurants. Es geht heute sehr touristisch zu, aber das aus gutem Grund. Auf dieser Route findest du eine Übersicht der Sehenswürdigkeiten, die du beim Besuch in Pompeji nicht auslassen solltest. Möglicherweise sind einige Bereiche vorübergehend nicht für die Öffentlichkeit zugänglich, also vor dem Besuch die Website konsultieren.
Eingang bei der Porta Marina – Via Marina 6, Piazza Esedra – Piazza Porta Marina Inferiore oder Piazza Anfiteatro – Piazza Immacolata, Pompei, www.pompeiisites.org, Tel. 0818575347, April–Okt. tgl. 9.00–17.30, Nov.–März Di–So 9.00–15.30 Uhr, Eintritt 16 €, Circumvesuviana Pompei Scavi – Villa dei Misteri, Pompei Santuario

(19) Die **Terme Suburbane** geben einen Einblick, wie ein Besuch in (diesen) öffentlichen Thermalbädern ablief. Im Umkleideraum fand man explizite erotische Wandmalereien, jedes Bild über einem nummerierten Spind. Das Vorhandensein dieser Gemälde in den Unisex-Bädern beweist, dass die römische Kultur für erotische Aktivitäten in den Thermalbädern offen war. Vom Umkleideraum ging es in einen lauwarmen Raum und anschließend ins *caldarium*, den warmen Raum.
Teil der Scavi di Pompei, siehe Nr. 18

(20) Das **Foro di Pompei** war das politische, ökonomische und religiöse Zentrum von Pompeji. Hier spielte sich alles ab, vom Handel bis zu Debatten, Redner

kamen zu Wort und Informationen wurden ausgetauscht. Rund um diesen Platz findest du wichtige Bauten wie das Verwaltungsgebäude, die Basilika, den Gemüse- und Fischmarkt und die bedeutendsten Tempel. Viele Säulen sind erhalten geblieben. Außerdem gibt's zahlreiche Fundstücke, Statuen und Vasen.
Teil der Scavi di Pompei, siehe Nr. 18

(21) Die **Villa dei Misteri di Pompei** liegt ein Stück abseits, ist aber unbedingt den Fußweg wert. Sie war früher ein stilvolles Landhaus mit interessanter Architektur und schönen Gemälden, bestehend aus einem Freskenzyklus mit 29 leuchtend bunten, lebensgroßen Figuren auf rotem Hintergrund. Die Fresken zeigen wahrscheinlich die Einweihung in ein dionysisches oder orphisches Mysterium. Sie sind so gut erhalten, eindringlich und in wunderbaren Farben gehalten, dass man sie stundenlang betrachten könnte.
Teil der Scavi di Pompei, siehe Nr. 18

(22) **Casa del Fauno** ist eins der größten Wohnhäuser in Pompeji. Berühmt wurde es durch die Entdeckung einer Bronzestatue, die in der Mitte eines Teiches in einem der Atrien stand. In der Villa wurden auch Mosaiken gefunden, darunter das berühmte, das die Schlacht von Issos unter Alexander dem Großen darstellt. Das Haus verfügt unter anderem über Sklavenzimmer, Empfangsräume und einen großzügigen Garten mit Stallungen.
Teil der Scavi di Pompei, siehe Nr. 18

(23) Das **Lupanare di Pompei**, das berühmteste und größte Bordell von Pompeji, wurde gern von Gladiatoren besucht. Es zählt zehn Zimmer, jedes mit einem erotischen Wandbild und einer gemauerten Plattform für die Matratze. Die Wandmalereien illustrierten die im Bordell angebotenen Dienstleistungen.
Teil der Scavi di Pompei, siehe Nr. 18

(24) Das **Anfiteatro di Pompei** ist das älteste noch bestehende Theater seiner Art. Hier wurden Gladiatorenkämpfe auf Leben und Tod abgehalten. Die Tribünen waren aus Stein und nach den verschiedenen sozialen Klassen unterteilt. Neben dem Anfiteatro di Pompei findest du das Gymnasium, wo die Gladiatoren unter anderem in einem großen Schwimmbad trainierten.
Teil der Scavi di Pompei, siehe Nr. 18

29
P

(29) Das **Santuario della Beata Vergine del Rosario di Pompei** ist eine große katholische Kathedrale, die viele Pilger anzieht. Sie kommen wegen des Gemäldes *Unsere Liebe Frau vom Heiligen Rosenkranz*. Es zeigt die Jungfrau Maria und das Jesuskind, die dem Heiligen Dominikus und der Heiligen Katharina von Siena einen Rosenkranz schenken. Bartolo Longo, der Erbauer der Kirche, erhielt es 1875; es sollte ihm dabei helfen, den Rosenkranz in diesem Landesteil einzuführen. Nach einer Reihe von Wundern und außergewöhnlichen Heilungen wurde die Kirche zu einem Wallfahrtsort. Jedes Jahr am letzten Samstag im Mai veranstalten die umliegenden Dörfer nächtliche Wallfahrten hierher.
Piazza Bartolo Longo 1, Pompei, www.santuario.it, Tel. 0818577111, Mo–Fr 6.30–14.00 & 15.00–20.00, Sa 6.30–20.00, So 5.30–21.00 Uhr, Eintritt frei, Circumvesuviana Pompei Santuario

ESSEN & TRINKEN

(1) **Gattò Bistrot** ist *der* Ort für Katzenliebhaber. Das Bistro hat gemütliche Ecken, wo echte Katzen Mittagsschlaf halten. Um die Katzen nicht in Versuchung zu führen, serviert man hier keine Fleischgerichte. Es ist eins der seltenen Fleckchen in der Region, wo du Hummus, griechische Salate mit Feta und andere vegetarische (vegane) Gerichte bekommst. Empfehlenswert ist *gattò*, eine traditionelle neapolitanische Speise mit Kartoffeln und Käse, hier mit Champignons.

Viale Privato I. d'Amore 29, Portici, fb @gattobistrot, Tel. 08119482752, Mi–Do 16.00–23.00, Fr–Sa 16.00–0.00, So 17.00–23.00 Uhr, Preis 7 €, Circumvesuviana Portici Bellavista

(6) Auf den ersten Blick sieht dieser Laden nicht sehr einladend aus, aber wenn du ein originelles Brötchen willst, bist du in der **Panilandia Paninoteca** an der richtigen Adresse. Besitzer Alessandro ist freundlich, kompetent und macht die leckersten Brötchen mit *friarielli* und *salsiccia* (spezieller Brokkoli mit Wurst) oder mit Fritten und Fleischküchlein. Auch leichtere Versionen sind zu haben, wie das Caprese mit Tomate, Mozzarella und Basilikum.

Via IV Novembre 56, Ercolano, fb @panilandiapaninoteca, Tel. 3925187617, Mo–Fr 11.00–2.00, Sa 11.00–4.00, So 18.00–3.00 Uhr, Preis Brötchen ab 4 €, Circumvesuviana Ercolano Scavi

(8) Sara und Alfonso erfüllten sich einen Traum, als sie das Restaurant **Pappamonte** unweit der Ausgrabungen von Herculaneum eröffneten. In der modernen, aber rustikalen Ausstattung wird mit einem deutlichen Augenzwinkern auf die Ausgrabungen um die Ecke verwiesen. Ein herrliches Plätzchen, um sich nach dem Besuch der Stätte in freundlicher Umgebung bei leckeren Speisen und Getränken auszuruhen.

Via IV Novembre 2/4, Ercolano, www.pappamonte.com, Tel. 0819221600, Mo & Mi–Do & So 11.00–23.00, Fr–Sa 11.00–0.00 Uhr, Preis 20 €, Circumvesuviana Ercolano Scavi

(10) **Viva Lo Re** ist ein stilvolles, einladendes Restaurant, eingerichtet mit Vintage-Drucken und Kastanienholzschränken voller Weine zum Auswählen. Auf der

Speisekarte stehen traditionelle Gerichte mit modernem Touch, die elegant serviert werden. Es kommen nur saisonales Obst und Gemüse und andere Produkte hiesiger Bauern auf den Tisch.

Corso Resina 261, Ercolano, www.vivalore.it, Tel. 0817390207, Di–Sa 12.30–15.30 & 19.00–23.00, So 12.00–16.00 Uhr, Preis 18 €, Circumvesuviana Ercolano Miglio d'Oro

(13) Wer den Vesuv von Ercolano aus besucht, passiert unterwegs die **Terrazza Due Golfi**. Das Lokal hat Tische im Freien und bietet eine spektakuläre Aussicht auf Neapel einer- und den Gipfel des Vesuvs andererseits. Das Essen ist einfach, aber superlecker. Besonders zu empfehlen sind die Brötchen mit gegrilltem Fleisch und der lokale Wein. Man kann auch einen Picknicktisch mieten und selbst grillen.

Via Osservatorio Vesuviano 7, Ercolano, www.terrazzaduegolfi.it, Tel. 0814242142, Sommer tgl. 10.00–0.00 Uhr, Preis Mittagsmenu 16 €, Circumvesuviana Ercolano Scavi, dann Bus 5 Vesuvio

(17) **Hortus Restaurant & Garden Bar** war der erste Kiosk, der bei den Ausgrabungen von Pompeji eröffnete. Obwohl du natürlich an einem der touristischsten Orte der Welt bist, ist Hortus die beste Wahl. Sie haben dort gut gefüllte Schüsseln mit Salat, originelle Pastagerichte und einen gemütlichen Garten, wo du vor oder nach dem Besuch von Pompeji sitzen und bei frischen Säften Energie tanken kannst.

Piazza Porta Marina Superiore, Pompei, www.pompei-hortus.it, Tel. 0815364566, tgl. 8.00–20.00 Uhr, Preis Salat 9,50 €, Pasta 8,50 €, Circumvesuviana Pompei Scavi – Villa dei Misteri

(25) In der **Pizzeria I Matti** lieben sie gute Pizzen. Du isst lieber etwas anderes? Dann kannst du auch Pasta mit Meeresfrüchten und reichhaltige Salate bestellen. Das Restaurant ist schlicht, aber modern gehalten und, auch nicht unwichtig, es gibt einem netten Außenbereich zum Sitzen. Abends schaffen die Lämpchen ein lauschiges Ambiente.

Via Plinio 53, Pompei, fb @imattipompei, Tel. 8119716028, Mo 19.00–12.00, Di–So 11.00–0.00 Uhr, Preis 15 €, Circumvesuviana Pompei Scavi – Villa dei Misteri, Pompei Santuario

8

27
De Vivo
dal 1955 a Pompei

25

32

17

8

The best local food

(26) Das **Add'ù Mimì** gibt's schon seit 1825. Damals war die bourbonische Monarchie eifrig mit Ausgrabungen in Pompei und Umgebung beschäftigt. Bis heute legt diese Trattoria Wert auf gute, schlichte Gerichte höchster Qualität in reichlichen Portionen. Bei Schönwetter (also oft) kannst du unter Reben essen, sehr romantisch!

Via Roma 61, Pompei, www.addumimi.it, Tel. 0818635451, Mo–Do 12.00–15.00 & 19.00–23.00 Fr & So 12.30–16.00 Uhr, Preis 20 €, Circumvesuviana Pompei Santuario

(27) **De Vivo** hat die leckerste *pasticcerie* in Pompei. Von süßen Teilchen bis Torten, von Eis bis Keksen. Auch für ein gutes Glas Wein bist du hier richtig. Du kannst dich an einen Tisch drinnen oder draußen setzen oder etwas Leckeres für unterwegs kaufen.

Via Roma 36, Pompei, www.lapasticceriadevivo.it, Tel. 0818631163, Mo–Fr 5.30–23.00, Sa–So 5.30–0.00 Uhr, Preis Gebäck 3 €, Circumvesuviana Pompei Santuario

(31) Das **Ristorante Garum** wird in der Gegend sehr gelobt. Dank der Gastgeberqualitäten von Besitzer Fiore und der erstklassigen Gerichte sind in die-

sem Restaurant nicht nur Touristen, sondern auch Einheimische anzutreffen. Die auf Fisch basierende Soße namens *garum* war das Hauptgewürz im alten Rom, ein passender Name also für dieses Lokal unweit der Ausgrabungen von Pompeji.

Viale G. Mazzini 63/65, Pompei, www.garumpompei79dc.it, Tel. 0818501178, Mo–Di & Do–Sa 12.00–15.30 & 18.30–0.00, So 12.30–15.30 Uhr, Preis Menü 40 €, Circumvesuviana Pompei Santuario

(32) Die **Osteria da Peppino – La Dispensa dell'Oste** ist ein altbewährter Familienbetrieb, der traditionelle regionale Speisen wie hausgemachte Pasta sowie gegrillte und gebackene Fisch- und Fleischgerichte (auch glutenfrei) serviert. Lass dich von den Desserts überraschen: Die meisten gehen auf jahrelang verfeinerte Familienrezepte zurück. Empfehlenswert sind die *pastiera*, das *pasticciotto* und das Zitronenbaiser. Zur Osteria gehört auch ein gemütlicher Garten.

Via Duca d'Aosta 39, Pompei, www.ladispensadellostepompei.it, Tel. 0818504821, Mo & Mi–Sa 12.00–15.30 & 18.00–23.30, So 12.00–16.30 & 18.00–23.30 Uhr, Preis 13 €, Circumvesuviana Pompei Santuario

(33) Hast du die Touristenbars hinter dir gelassen, gelangst du zum **Erman Café**. Hier kommt die Nachbarin von nebenan mit ihrem Sohn zum Frühstück her, auf eine süße *graffa* und wirklich leckeren Cappuccino. Erman ist leutselig und überrascht seine Kunden jedes Mal aufs Neue mit einer anderen Dekoration im Kaffeeschaum.

Via Carlo Alberto 58, Pompei, Tel. 0818635204, tgl. 7.30–19.00 Uhr, Preis Espresso 0,90 €, Circumvesuviana Pompei Santuario

SHOPPEN

(4) Dieser Markt, der **Mercato di Resina**, entstand während des Zweiten Weltkriegs, dort wurden gestohlene oder von den Amerikanern mitgebrachte Sachen verkauft. Inzwischen ist er ein berühmter Flohmarkt mit Secondhandkleidung bekannter Marken.

Via Pugliano, Ercolano, www.mercatodiresina.com, Mo–Sa 9.00–13.00 Uhr, Circumvesuviana Ercolano Scavi

(5) **Old Star Vintage** hat Kleidung, Schuhe und Stoffe, die die Geschichte des Landes von den 50er bis 90er-Jahren repräsentieren: wunderbare Kleider, tolle Hüte, alte Armeeuniformen, Taschen, Koffer und Schuhe in allen Formen und Größen. Das Motto des Geschäftes: Hier findest du alles, was du brauchst!
Via Pugliano 60, Ercolano, www.oldstarvintage.com, Tel. 3935410184, Mo–Sa 8.15–13.00 Uhr, mittags nach Absprache, Circumvesuviana Ercolano Scavi

(30) **Vapoforno Amato** ist vollgestopft mit traditionellen Keksen aus Castellammare di Stabia. Das Rezept stammt von 1848, und die Kekse werden immer noch mit viel Hingabe auf dieselbe Art gebacken wie damals. Sie bestehen aus Mehl, Zucker, Hefe, Vanille, Butter und Wasser und haben eine längliche Form. In der Bäckerei gibt's auch die traditionellen *taralli*, allerdings mit Zuckerglasur.
Via Sacra 7, Pompei, fb @vapofornoamatoandrea, Tel. 0818632852, Mo–Sa 6.30–14.30 & 16.00–20.30, So 6.30–14.00 Uhr, Preis Tüte Kekse 2 €, Circumvesuviana Pompei Santuarioo

FREIZEITTIPPS

(3) **Turtle Point** oder Centro Ricerche Tartarughe Marine ist ein Forschungs- und Bildungszentrum, Tierheim und maritimes Krankenhaus zugleich. Hier arbeiten hochprofessionelle Tierärzte, Biologen und Naturwissenschaftler, die mit ihrem kollektiven Wissen Schildkröten retten. Ein Besuch dort, auch mit Kindern, ist unterhaltsam und interessant. Im nahegelegenen Park gibt es einen Spielplatz und in fußläufiger Entfernung einen kleinen Strand.
Via Nuovo Macello 16, Portici, fondazionedohrn.it/home/turtle-point, Tel. 0815833641, Mo–Fr 9.00–16.00, Sa–So 9.00–14.00 Uhr, Eintritt 5 €, Zug Portici - Ercolano

(7) Im **Museo Archeologico Virtuale**, kurz MAV, tauchst du virtuell in die Geschichte von Pompeji und Herculaneum vor dem Vesuv-Ausbruch im Jahre 79 ein. Du erfährst auch, wie es beim Ausbruch zuging. Mithilfe von 3D-Rekonstruktionen, Hologrammen, Multimediatafeln, virtuellen Büchern und Reproduktionen werden die Städte bestmöglich wieder zum Leben erweckt.
Via IV Novembre 44, Ercolano, www.museomav.it, Tel. 0817776843, Mi–So 10.00–17.00 Uhr, Eintritt 10 €, Circumvesuviana Ercolano Scavi

4

30

4

Go & explore

(14) Im **Parco Nazionale del Vesuvio** kannst du den Gipfel des Vesuvs besteigen, um den Krater zu betrachten. Tipp: feste Schuhe anziehen. An klaren Tagen eröffnet sich von hier aus ein spektakulärer Blick auf den Golf von Neapel. Du kannst auch direkt in den Krater schauen. Kommst du mit eigenem Fahrzeug, musst du in der Hauptsaison dein Auto an einer bestimmten Stelle parken und wirst mit einem Minibus weiter nach oben gebracht, alles kostenpflichtig. Du kannst vom Parkplatz aus auch zu Fuß gehen, aber das ist nicht zu empfehlen, nimm lieber den Minibus Vesuvio Express, der an der Circumvesuviana-Haltestelle Ercolano abfährt, um zum Krater zu kommen.

Via Panoramica Fellapane al km 1, www.parconazionaledelvesuvio.it, Tel. 0812 395653, tgl. 9.00 Uhr–1 ½ Stunden vor Sonnenuntergang, Eintritt 10 €, Circumvesuviana Ercolano Scavi, dann mit Taxi oder Vesuvio Express

(28) Pompeis charakteristischer weißer Glockenturm **Campanile di Pompei** ragt über der Stadt auf – ein Orientierungspunkt für die ganze Umgebung. Mit 82 Metern ist der im korinthischen Stil erbaute Turm einer der höchsten Glockentürme Italiens. Das Äußere besteht aus weißem Marmor und grauem Granit. Die Treppe umfasst 360 Stufen, aber es gibt auch einen Aufzug. Er führt zu der wunderbaren Aussichtsterrasse hinauf, von der die Ausgrabungen von Pompeji, der Vesuv, der Golf von Neapel und in der Ferne sogar Capri zu sehen sind.

Piazza Bartolo Longo, Pompei, www.santuario.it, Tel. 0818577370, tgl. 9.00–13.00 & 15.00–19.00 Uhr, Eintritt 2 €, Circumvesuviana Pompei Santuario

(34) Gleich hinter der Ausgrabungsstätte von Pompeji liegt die elegante Winzerei **Bosco de' Medici Winery**. Mit einem Golfwägelchen wirst du über das Gut gefahren und kannst den Weingarten bewundern. Außerdem siehst du, wo die Bourbonen mit den Ausgrabungen von Pompeji begannen. Das Mittagessen kommt direkt vom Land und der Wein von den Rebstöcken. Du kannst hier herrlich unter Weinranken speisen und die unterschiedlichen Weine des Gutes verkosten, und das alles direkt zu Füßen des Vesuvs.

Via Antonio Segni 43, www.boscodemedici.com, Tel. 3382828234, Mo–Fr 11.30–22.00, Sa–So 11.30–18.00 Uhr, Preis Mittagessen mit Weinprobe + Führung 30 €, Circumvesuviana Pompei Santuario

ROUTE 5

SORRENTO & DIE AMALFIKÜSTE

INFOS ZUR ROUTE

Diese Route beginnt in der Stadt Sorrento und überquert dann die Berge zur bezaubernden Amalfiküste auf der anderen Seite der Halbinsel – eine Strecke voller Zitronenbäume, Ausblicke und Dörfchen mit bunten Häusern, die an steilen Felsen zu kleben scheinen, aber auch mit verborgener Kunst, Geschichte, Religion und viel gutem Essen. Die Route kann außerhalb der geschäftigen Sommermonate gut mit dem Auto zurückgelegt werden. Die Öffnungszeiten können dann allerdings abweichen.

DIE ORTE

Sorrento (Sorrent) und **die Amalfiküste** gehören zu den schönsten Flecken der Erde. Hier findest du eine einzigartige Kombination aus Natur, Meer und Städten. Die Berge liegen direkt am azurblauen Meer, und authentische Dörfer an Berghängen erscheinen nachts durch Tausende Lichter wie neapolitanische Weihnachtskrippen. Es gibt von Touristen überlaufene Städte, aber auch menschenleere Naturparadiese, Felsküsten, zauberhafte Buchten, Dörfer mit tausenden Stufen, Gassen, Gucklöcher in Gärten mit tropischen Blumen, wunderbare Kathedralen und sogar römische Ruinen.

Die Stadt **Sorrento** gehört gerade noch zur Metropolregion Neapel und überblickt den gesamten Golf mitsamt dem Vesuv. Die Stadt ist gut auf Touristen eingestellt, in den Sommermonaten wird es sehr voll. Die meisten Unternehmen, Restaurants und Geschäfte sind Familienunternehmen mit jahrelanger Tradition und mit Hingabe bei der Sache. Auch wenn etwas sehr touristisch wirkt, erweist sich der Hintergrund daher oft als authentisch. Die Geschichte Sorrents reicht wie die Neapels bis zu den Griechen und Römern zurück. Viel ist davon nicht mehr zu sehen, doch das Straßennetz der Altstadt ist römischen und griechischen Ursprungs. Im Zentrum findest du schöne Geschäfte, gute Restaurants und viele regionale Produkte wie Zitronen, Keramik und Holzkästchen mit Intarsien.

BESCHREIBUNG ROUTE 5 (ca. 69 km)

Parke dein Auto in Sorrent und beginne den Tag mit einem Eis 1. Geh auf dem Corso Italia Richtung Piazza Tasso. Rechts in der Via Correale warten Zitronenbäume 2 und ein Museum 3, an der Piazza Tasso rechts in die Via Sant'Antonino ein musikalisches Restaurant 4 oder weiter auf dem Corso Italia ein anderes Restaurant 5. Links in der Via Santa Maria della Pietà kannst du shoppen 6. Besichtige die Kathedrale 7 und schlendere weiter zu einer Villa 8. Kehr um und biege links in die Via Torquato Tasso und rechts in die Via Cesarea, um eine Kirche 9 zu besuchen und einzukaufen 10 11. Zweige am Ende der Straße links in die Via Luigi di Maio ab, nimm auf der Piazza Sant'Antonino die Via San Francesco und betritt bei den Wandmalereien rechts die Villa Comunale 12. Spaziere danach rechts bis zur Piazza della Vittoria. Links in der Via Torquato Tasso gibt's Pasta 13, weiter geht's rechts durch die Via Marina Grande ans Meer 14 15. Von hier paddelst du per Kajak zu einem Naturschwimmbad. Steig ins Auto und fahre auf der SS145 Richtung Via Capo. Parke an der Punta del Capo di Sorrento und lauf zu Fuß weiter 16. Kehre mit dem Auto zur SS145 zurück und folge der Via Nastro Verde. An der Abfahrt nach Sant'Agata sui Due Golfi in die Via Nastro Azzurro und rechts in den Corso Sant'Agata lockt ein Sternerestaurant 17. Fahre weiter auf der SS145 und nimm bei San Pietro die SS163 Richtung Positano/Amalfi. Möchtest du zu einem Farmlokal 18, verlässt du vor Positano die SS163, biegst in die Via Corvo und fährst ein Stück auf der Via Monsignor Vito Talamo weiter. Ansonsten bleibst du auf der SS163 und parkst in Positano. Spaziere durch die Gässchen hinab 19 20 21 und nimm am Hafen das Boot zu Da Adolfo 22. Setze deine Fahrt auf der SS163 fort, probiere Limoncello 23 und steuere Praiano an, wo du etwas essen und trinken 24 25 26 und ein nettes Souvenir erstehen 27 kannst. Weiter geht's auf der SS163, um einen Fjord zu besuchen 28. Lass den Wagen an einem Restaurant wie La Locanda del Fiordo stehen und lauf zu Fuß hinab. Fahre weiter bis Amalfi und stell das Auto z. B. bei Luna Rossa ab. Nimm den Fußgängertunnel nach Amalfi. Steig beim Gemeindehaus in den Aufzug zum Friedhof 29, besichtige den Duomo 30 und shoppe an der Piazza Duomo 31. Entlang der Via Lorenzo d'Amalfi kannst du etwas essen 32 33. Besuche Atrani 34. Nimm wieder die SS163 und kurz hinter Atrani links die SS373 nach Ravello. Dort kannst du dir etwas Schönes kaufen 35, die Kathedrale 36 besuchen, noch etwas essen 37 und dich zum Abschluss an einer traumhaften Aussicht 38 erfreuen.

SEHENSWÜRDIGKEITEN

(3) Das Sommerhaus der Familie Correale wurde 1924 ins **Museo Correale di Terranova** verwandelt, wo in 24 Sälen Kunst des 15. bis 18. Jahrhunderts ausgestellt ist. Auch Werke flämischer Maler sind zu bewundern. Oft finden auch sehenswerte Wechselausstellungen statt. Das Museum hat einen schönen Garten mit Ausblick über den Golf von Neapel.
Via Correale 50, Sorrento, www.museocorreale.it, Tel. 0818781846, Di–Sa 9.30–18.30, So 9.30–13.30 Uhr, Eintritt 8 €, Circumvesuviana Sorrento

(7) Die Kathedrale von Sorrent, **Cattedrale dei Santi Filippo e Giacomo**, ist eine Barockkirche, erbaut auf den Trümmern eines griechischen Tempels. Das barocke Gewölbe zeigt die Martyrien des Heiligen Philippus und des Heiligen Jakobus. Ein Kunstwerk für sich ist die *presepe*, die Weihnachtskrippe.
Via Santa Maria della Pietà 44, Sorrento, www.cattedralesorrento.it, Tel. 0818782248, Mo–Fr 10.00–11.30 & 17.30–19.00 Uhr, Eintritt frei, Circumvesuviana Sorrento, Bus 5070 Piazza Tasso

(9) Die 1739 eingeweihte **Chiesa dell'Addolorata** ist eine der jüngsten Kirchen der Stadt. Sie wird auch die Kirche der Jungfrau mit den sieben Schmerzen oder Unsere-Liebe-Frau-der-Schmerzen genannt. Auf dem Altar steht eine Statue der Muttergottes, das Herz von sieben Schwertern durchbohrt, und es gibt Gemälde des neapolitanischen Malers Carlo Amalfi zu bewundern. Die Barockkirche hat einen Boden aus dem 18. Jahrhundert, die Fassade besteht aus grauem Tuffstein. In der Kirche sind oft schöne Ausstellungen zu sehen.
Via S. Cesareo 47, Sorrento, wechselnde Öffnungszeiten, Eintritt frei, Circumvesuviana Sorrento, Bus 5070 Piazza Tasso

(21) Unter der Kirche von Positano geht's im **Museo Archeologico Romano** (MAR) mehrere Jahrhunderte zurück. Beim Ausbruch des Vesuvs im Jahr 79 n. Chr. erreichte die Vulkanasche auch Positano und bedeckte die **Villa Romana** mit einer dicken Ascheschicht. Die farbenfrohen Fresken der Villa sind dermaßen gut erhalten, dass man sich unschwer in die damalige Zeit zurückversetzen kann.
Piazza Flavio Gioia 7, Positano, www.marpositano.it, Tel. 3312085821, tgl. April–Okt. 9.00–21.00, Nov.–März 10.00–16.00 Uhr, Eintritt 15 €, Bus 5070 Via G. Marconi 170

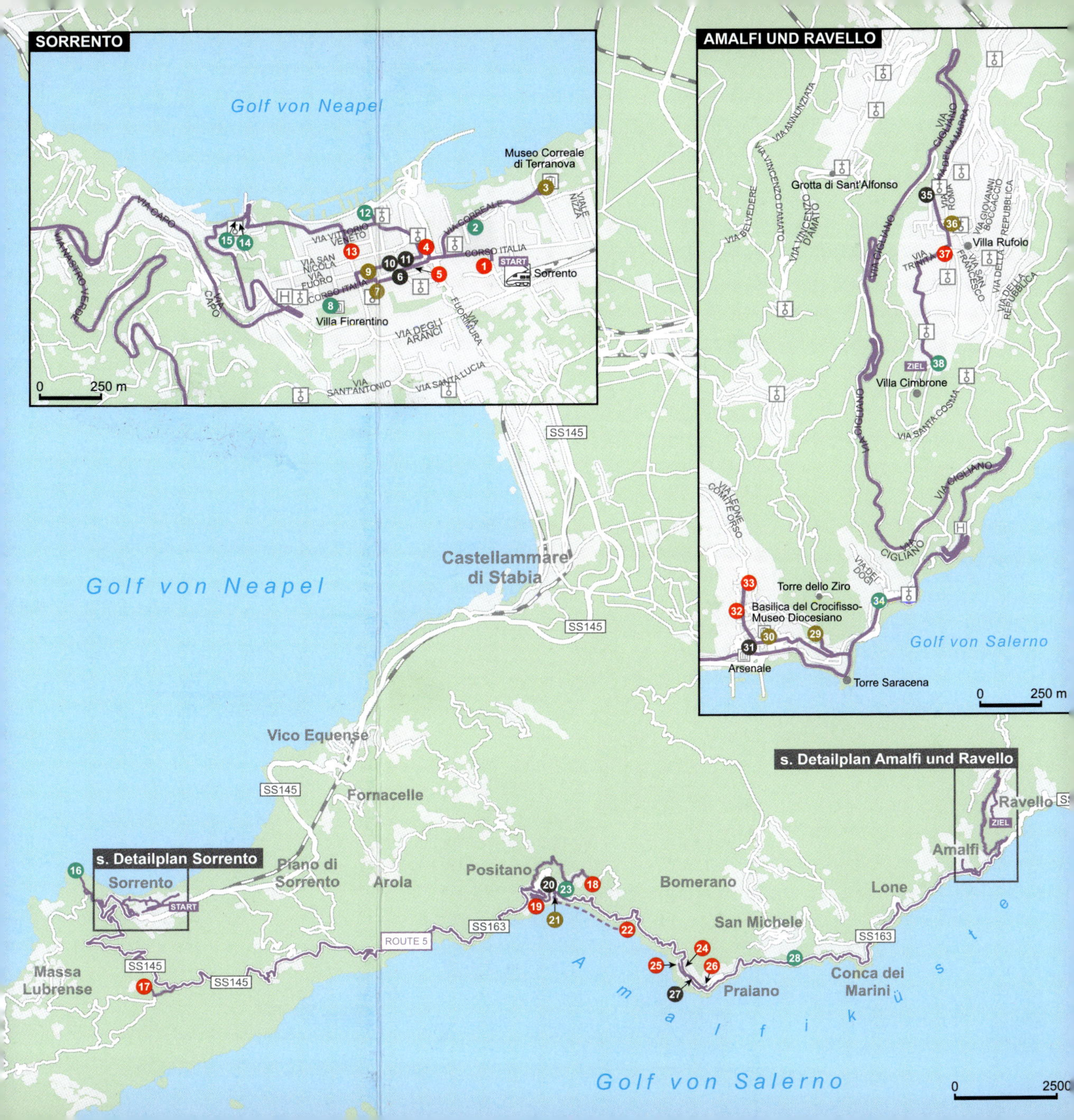

SORRENTO
Golf von Neapel
Museo Correale di Terranova
VIA CAPO
VIA VITTORIO VENETO
VIA SAN NICOLA
VIA FUORO
CORSO ITALIA
VIA CORREALE
VIALE NIZZA
START
Sorrento
Villa Fiorentino
VIA DEGLI ARANCI
VIA FUORIMURA
VIA SANT'ANTONIO
VIA SANTA LUCIA
0
250 m
AMALFI UND RAVELLO
VIA ANNUNZIATA
VIA VINCENZO D'AMATO
VIA BELVEDERE
Grotta di Sant'Alfonso
VIA CIGLIANO
Villa Rufolo
VIA TRINITÀ
VIA SAN FRANCESCO
VIA DELLA REPUBBLICA
VIA GIOVANNI BOCCACCIO
ZIEL
Villa Cimbrone
VIA SANTA COSMA
VIA LEONE COMITE ORSO
VIA DEI DOGI
Torre dello Ziro
Basilica del Crocifisso-Museo Diocesiano
Arsenale
Torre Saracena
Golf von Salerno
0
250 m
SS145
Castellammare di Stabia
Golf von Neapel
Vico Equense
Fornacelle
s. Detailplan Amalfi und Ravello
Ravello
ZIEL
Amalfi
s. Detailplan Sorrento
Sorrento
START
Piano di Sorrento
Arola
Positano
Bomerano
Lone
San Michele
SS163
ROUTE 5
Massa Lubrense
Praiano
Conca dei Marini
Amalfiküste
Golf von Salerno
0
2500

SORRENTO & DIE AMALFIKÜSTE

1 Gelateria David
2 I Giardini di Cataldo
3 Museo Correale di Terranova
4 Ristorante Museo Caruso
5 CuCù Restaurant
6 La BotteguCciArt Vintage
7 Cattedrale dei Santi Filippo e Giacomo
8 Villa Fiorentino
9 Chiesa dell'Addolorata
10 Limonoro
11 Antica Sartoria by Giacomo Cinque
12 Villa Comunale
13 Semola Pasta Bar
14 O'Puledrone
15 Kayak Sorrento
16 Bagni Regina Giovanna
17 Lo Stuzzichino
18 La Tagliata
19 Ristorante Pupetto
20 La Bottega di Brunella
21 Museo Archeologico Romana / Villa Romana
22 Da Adolfo
23 Valenti Positano
24 Saghir Ristorante Wine Bar
25 Café Mirante
26 Kasai
27 La Bacheca
28 Fiordo di Furore
29 Belvedere Cimitero Monumentale
30 Duomo di Amalfi
31 TABULA
32 Il Tarì
33 Pizzeria Donna Stella
34 Atrani
35 Ceramiche Cosmolena
36 Duomo di Ravello / Museo Duomo Ravello
37 Babel Wine Bar Deli & Art
38 Giardini di Villa Cimbrone / Terrazza dell'Infinito

Wenn du die Berge überquerst und die andere Seite der Halbinsel erreichst, bist du an der Amalfiküste, wo sich unter anderem **Positano**, **Praiano**, **Amalfi**, **Atrani** und **Ravello** befinden. Dort sind die Berge steiler und die Straßen schmaler. Amalfi war im 9., 10. und 11. Jahrhundert die drittgrößte Stadt im heutigen Italien und die erste Seerepublik, die bewegte Geschichte reicht hier also weit zurück. Das siehst du auch an den Wehrtürmen, die an der gesamten Küste zu finden sind. Sie stammen aus der Zeit zwischen dem Mittelalter und dem 16. Jahrhundert.

WENIG ZEIT? DAS SIND DIE HIGHLIGHTS:

I GIARDINI DI CATALDO + VILLA COMUNALE SORRENTO + DA ADOLFO + DUOMO DI AMALFI + GIARDINI DI VILLA CIMBRONE

TIPPS

// Eine Route zum Abhaken von deiner Bucket List
// Nimm dir mehrere Tage, um sie ausgiebig zu genießen
// Von Oktober bis April hat vieles geschlossen

Don't miss the highlights!

(29) Hinter der Basilika von Amalfi führt ein Weg mit vierhundert Stufen entlang der weißen Häuschen nach oben zum schönsten Aussichtspunkt der Stadt und zum **Belvedere Cimitero Monumentale**. Der Friedhof war einst ein San Lorenzo del Piano gewidmetes Benediktinerinnenkloster. Die Tuffsteinkolonnade des Friedhofs wurde 1816 an der Stelle des aufgegebenen Klosters errichtet. Praktisch: Von der Piazza Municipio führt auch ein Aufzug nach oben.

Salita San Lorenzo del Piano, Amalfi, Mo, Mi & Fr–So 8.00–12.00 & 15.00–19.00 Uhr, Eintritt frei, Zugang per Aufzug April–Okt. 4 €, Nov.–März 3 €, Bus 5020, 5110, 5120 Piazza Municipio (Amalfi)

(30) Wenn du in der Stadt bist, musst du dir unbedingt den **Duomo di Amalfi** anschauen. Die verschiedenen architektonischen Einflüsse, darunter Gotik, Barock und Rokoko, das Kloster, die Krypta mit den Reliquien von Andreas – Apostel und Schutzpatron der Stadt – das Museum: Alles lohnt einen Besuch, du reist zurück bis ins 9. Jahrhundert.

Supportico Sant'Andrea, Amalfi, www.parrocchiaamalfi.com, Tel. 089871324, tgl. 10.30–20.00 Uhr, Eintritt 3 €, Bus 5020, 5070, 5080, 5110, 5120, 5130 Amalfi

(36) Im **Duomo di Ravello** aus dem 11. Jahrhundert findest du neben der Krypta auch das **Museo Duomo Ravello**, das zu einem Teil aus dem Opernmuseum besteht, zum anderen aus der Pinacoteca d'Arte Medievale e Moderna. Es zeigt erlesene Kunst des Mittelalters sowie eine moderne Gemäldesammlung. Im *duomo* wird das Blut des Schutzpatrons der Stadt, San Pantaleone aufbewahrt, das sich jedes Jahr pünktlich am 27. Juli verflüssigt.

Piazza Duomo 7, Ravello, Tel. 089858311, tgl. 9.00–19.00 Uhr, Eintritt Museum 3 €, Bus 5110 Ravello

ESSEN & TRINKEN

(1) Die Lieblings-Eisdiele der Einheimischen, die **Gelateria David**, besteht seit drei Generationen, seit den 1930er-Jahren. Ihre Spezialität ist das Pan David, eine Art Gebäck, das man nach eigenem Gusto füllen lässt. Etwas Besonderes ist das pikante Eis, aber auch die Waffeln, Crêpes und das Joghurteis sind zu empfehlen.

Via Marziale 19, Sorrento, www.gelateriadavidsorrento.it, Tel. 0818073649, April–Okt. tgl. 8.00–1.00 Uhr, Preis kleines Eis 3 €, Circumvesuviana Sorrento, Bus 5070 Sorrento

(4) „Wenn Musik pure Emotion wird" – das **Ristorante Museo Caruso** hat sich dem weltberühmten Tenor Enrico Caruso verschrieben, geboren 1878 in Neapel. Mit seinen Liedern über Neapel wurde Caruso eine Galionsfigur der neapolitanischen Emigranten in Nordamerika. Allerdings beschloss er nach einem negativ bewerteten Auftritt in Neapel, nie wieder ein Konzert in seiner Geburtsstadt zu geben. In diesem ausgefallenen Restaurant erfährst du die Geschichte dieses Mannes, dessen Stimme in viele Wohnzimmer und Herzen gedrungen ist.

Via Sant'Antonino 12, Sorrento, www.ristorantemuseocaruso.com, Tel. 0818073156, tgl. 12.00–15.00 & 18.30–0.00 Uhr, Preis 25 €, Fünfgängemenü 60 €, Circumvesuviana Sorrento, Bus 5070 Piazza Tasso

(5) Das **CuCù Restaurant** ist rundum stilvoll. Du kannst hier bis spät abends die leckersten Cocktails trinken, aber auch die kreative Küche mit Gerichten genießen, die perfekt zu den Cocktails passen, oder umgekehrt.

Corso Italia 151, Sorrento, fb @cucu.restaurant, Tel. 08118549675, Mo 18.00–3.00, Di–So 9.00–3.00 Uhr, Preis 25 €, Circumvesuviana Sorrento, Bus 5070 Piazza Tasso

(13) Liebst du Pasta? Dann bist du in der **Semola Pasta Bar** an der richtigen Adresse. Hier bekommst du frische, liebevoll von Hand gemachte Pasta. Unterschiedliche Formen, Sorten, Geschmacksrichtungen und Zutaten, aber Pasta geben auf der Speisekarte immer den Ton an. Leider wurde noch kein Likör aus Pasta erfunden, sonst hätten sie ihn sicher auf der Karte. Aber wie sie selbst augenzwinkernd sagen: „Sag niemals nie".

Via T. Tasso 53/55, Sorrento, www.semolapastabar.com, Tel. 08119004857, Di–So 11.00–14.30 & 18.30–22.00 Uhr, Preis 10 €, Circumvesuviana Sorrento, Bus 5070 Piazza Tasso

(17) **Lo Stuzzichino** ist eine Osteria mit ausgezeichneter lokaler Küche, die so gut ist, dass sie sogar im Guide Michelin landete. Du kannst in der offenen Küche zuschauen, wie Slow Food geht. Trotz Michelinstern ist das Essen noch erschwinglich.

Via Deserto 1a, Sant'Agata sui due Golfi, www.ristorantelostuzzichino.it, Tel. 0815330010, Mo–Di & Do–So 12.00 15.00 & 18.30–23.00 Uhr, Preis 20 €, Bus 5070 Sant'Agata

(18) Die Trattoria **La Tagliata** verwendet ausschließlich Bio-Gemüse aus dem eigenen Garten, alles saisonal. Hier kannst du köstlichste handgemachte Pasta probieren. Darüber hinaus ist das Restaurant für sein fantastisches gegrilltes Fleisch bekannt. Die Trattoria hat drei Terrassen, jede mit bombastischer Aussicht über Küste und Meer. Du kannst auch einen Kochkurs buchen, bei dem du zuerst das Gemüse frisch aus dem Beet holen darfst.

Via Tagliata 32b, Positano, www.latagliata.com, Tel. 089875872, tgl. 12.00–15.00 & 18.00–23.00 Uhr, Preis 30 €, Kochkurs 100 €, erreichbar per Taxi oder eigenem Fahrzeug

(19) Im **Ristorante Pupetto** sitzt du im Schatten unter einer mit Bougainvillea bewachsenen Pergola, fast direkt am Meer. Oder du genießt abends die Lichter und den Mondschein. Die Speisekarte umfasst eine Vielzahl von Gerichten, von fangfrischem Fisch des Tages bis zu knusprigen Holzofenpizzen. Ein bezauberndes Plätzchen an einem herrlichen Strand, wo man Seekajak fahren kann.

Via Fornillo 37, Positano, www.hotelpupetto.it, Tel. 089875087, tgl. 9.00–22.30 Uhr, Preis 24 €, Pizza 12 €, Bus 5070 Chiesa Nuova Positano

13

33

33
DONNASTELLA
PIZZERIA
LEMON GARDEN

4

(22) Das Restaurant plus Strandbar **Da Adolfo** am abgeschiedenen Strand Spiaggia Laurito lässt sich nur per Boot von der Spiaggia Grande in Positano erreichen. Seine Spezialitäten sind die Muschelsuppe und der gegrillte Mozzarella auf Zitronenblatt. Das Meer, die einzigartige Lage, das frische Essen, die Atmosphäre – ein ganz besonderer Ort. Zeitig reservieren ist ratsam. Buche auch gleich einen Sonnenschirm und Liegestühle dazu und genieße einen wunderbaren Strandtag.

Via Laurito 40, Positano, www.daadolfo.com, Tel. 089875022, April–Okt. tgl. 10.00–20.00 Uhr, Preis 25 €, Boot (am roten Fisch zu erkennen) ab Spiaggia Grande in Positano

(24) Klein, aber sehr einladend, so beurteilen Gäste die **Saghir Ristorante Wine Bar**. Auch die Speisekarte ist klein, aber die Gerichte, die zur Auswahl stehen, sind traditionell, frisch und von ausgezeichneter Qualität. Am besten schmeckt das Essen mit einem guten Glas Wein. Lass dich vom sympathischen Besitzer Gennaro beraten.

Via Gennaro Capriglione 140, Praiano, www.saghircostiera.it, Tel. 089874067, Mo–Mi & Fr–So 9.00–15.00 & 18.00–23.00 Uhr, Preis 25 €, Bus 5070 Via Capriglione 119

(25) Der perfekte Zwischenstopp in Praiano auf dem Weg zum oder vom Strand. Im **Café Mirante** kannst du vom Treppensteigen verschnaufen und dich an köstlichen Cocktails und atemberaubender Aussicht erfreuen. Die Familie, die diese Bar betreibt, tut alles, damit sich ihre Gäste willkommen fühlen.
Via Masa 55, Praiano, fb @cafemirante.praiano, Tel. 3661718593, tgl. 10.00–23.00 Uhr, Preis Kaffee 1,20 €, Cocktail 7 €, Bus 5070 Via Capriglione 86

(26) Ein einmaliges Restaurant an einem einmaligen Ort. Eigentlich sitzt man beim **Kasai** halb auf der Straße, doch die Aussicht ist großartig und die Gerichte sind gut, frisch und superlecker. Der Innenraum ist eng, aber gemütlich.
Via Umberto i 84, Praiano, insta @kasai_praiano, Tel. 089874108, tgl. 13.00–17.00 & 19.00–23.00 Uhr, Preis 19 €, Bus 5070 Via Capriglione 86

(32) **Il Tarì** ist ein elegantes Restaurant, wo Küchenchef Russo köstliche lokale Aromen mit modernem Touch produziert. Probiere hier die *Colatura di Alici di Cetara*, ein für die Amalfiküste typisches Gericht.
Via Pietro Capuano 9/11, Amalfi, www.amalfiristorantetari.it, Tel. 089871832, Mo & Mi–So 12.00–15.00 & 18.30–23.00 Uhr, Preis 25 €, Bus 5020, 5070, 5080, 5110, 5120, 5130 Amalfi

(33) Du musst in Amalfi ein wenig suchen, aber die **Pizzeria Donna Stella** ist ein ruhiges Lokal, das sich weniger touristisch anfühlt. Es ist eine familiengeführte Pizzeria, die Pizzen werden im Holzofen gebacken, die Preise sind akzeptabel, und zum Abrunden der Mahlzeit gibt es köstlichen Limoncello. Hier kannst du draußen unter den Zitronenbäumen sitzen.
Via Salita d'Ancora 4, Amalfi, fb @pizzeriadonnastella, Tel. 3663689666, Mo & Mi–So 11.00–15.30 & 18.30–22.30 Uhr, Preis 15 €, Bus 5020, 5070, 5080, 5110, 5120, 5130 Amalfi

(37) In der **Babel Wine Bar Deli & Art** gibt's frische *bruschetta*, leckere lokale Salami- und Käseplatten sowie gute Weine und Biere der Region. Auch für lokale Kunst ist Platz in dieser Bar, wie die Einrichtung beweist. Besonders empfehlenswert sind die *bruschetta* mit Burrata, Tomate und Pesto sowie die *caponata*.
Via Santissima Trinità 13, Ravello, www.babelravello.com, Tel. 3791138524, Mo–Sa 11.30–15.30 & 19.00–22.00 Uhr, Preis 25 €, Bus 5110 Ravello

SHOPPEN

(6) In einer kleinen Seitenstraße gleich bei der touristischen Einkaufsstraße findest du einen der wenigen Vintage-Läden von Sorrent. Bei **La BottegucciArt Vintage** bemalt man hippe Jeansjacken auf originelle Art. Wenn du mehr Zeit hast, kannst du auch eine extra anfertigen lassen.
Via Santa Maria della Pietà 28, Sorrento, fb @labottegucciart, Tel. 0818072342, Mo–Di & Do–So 10.00–13.00 & 16.30–22.00, Mi 10.00–13.00 Uhr, Circumvesuviana Sorrento, Bus 5070 Piazza Tasso

(10) Natürlich musst du in Sorrent den echten Limoncello kosten. Bei **Limonoro** kannst du einfach reinspazieren, dich über den gesamten Herstellungsprozess von Limoncello informieren und die verschiedenen Arten gratis probieren. Auch die Zitronenkekse und andere Leckereien darf man kosten, alles ist hausgemacht. Ein erfreulich nachhaltiges Konzept, inmitten der Touristengeschäfte von Sorrent.
Via San Cesareo 49, fb @limonorosorrento, Tel. 0818785348, Mo–Do 9.00–20.00, Fr–So 9.00–21.00 Uhr, Circumvesuviana Sorrento, Bus 5070 Piazza Tasso

(11) Zu Sommer und Urlaub gehört auch schöne, luftige und fröhliche Kleidung: kurze und lange Strandkleider sowie Strandtaschen und andere Accessoires. Im **Antica Sartoria by Giacomo Cinque** findest du farbenfrohe Boho-Klamotten, um auf und am Strand zu flanieren. Erst wenn du dein Outfit dem „Sorrent und Amalfiküste"-Stil angepasst hast, bist du in dieser Gegend wirklich angekommen.
Via San Cesareo 39, Sorrento, www.anticasartoriapositano.it, Tel. 0818071936, tgl. 9.00–0.00 Uhr, Circumvesuviana Sorrento, Bus 5070 Piazza Tasso

(20) Reines italienisches Leinen bester Qualität und die aktuellsten Modeschöpfungen – vor allem im warmen Sommer trägt sich die Kleidung von **La Bottega di Brunella** herrlich. Die Verwendung von ruhigen Naturfarben, die Eleganz und Modelle für Frauen, Männer und Kinder machen den Laden zu einem obligatorischen Stopp in Positano.
Via Pasitea 72, Positano, www.brunellapositano.it, Tel. 089875228, tgl. Mai–Sept. 9.00–22.00, Okt.–April 9.00–20.00 Uhr, Bus 5070 Via G. Marconi 170

6
Limoncello
La Botteguccia
VINTAGE VINTAGE
VINTAGE
VINTAGE
VINTAGE
VINTAGE
VINTAGE
VINTAGE
ICE
CREA

10
LIMONORO

11

(27) Die Amalfiküste ist bekannt für Keramikherstellung. Überall sieht man bunte Kunstwerke, wobei es manchmal schwierig ist, Kunst von Kitsch zu unterscheiden. Bei **La Bacheca** bist du jedoch gut aufgehoben, Carmela und ihre Mutter helfen gern bei der Auswahl von etwas Passendem. Es ist sogar möglich, Stücke nach persönlichem Geschmack anfertigen und sich zuschicken zu lassen.
Via Gennaro Capriglione 62, Praiano, www.labachecapraiano.com, Tel. 089874145, tgl. 10.30–13.30 & 17.00–22.30 Uhr, Bus 5070 Via Capriglione 86

(31) Amalfi ist seit Jahrhunderten für die Herstellung von handgeschöpftem Papier bekannt. Das geht zurück auf den intensiven Handel mit der arabischen Welt, von der man dieses Handwerk übernahm. Im Laden **TABULA** bekommst du handgeschöpftes Qualitätspapier mit schönen Motiven und Strukturen. Das Fachwissen und die Leidenschaft für ihr Handwerk, die Imma und Gabriele an den Tag legen, sind überwältigend und machen den Besuch zu einem lohnenden Erlebnis. Du nimmst garantiert ein besonderes Souvenir mit nach Hause.
Via Eleonora d'Aragona 1, Amalfi, www.amalfitabula.it, Tel. 3931616934, tgl. 10.00–23.00 Uhr, Bus 5020, 5070, 5080, 5110, 5120, 5130 Amalfi

(35) Bei **Ceramiche Cosmolena** treffen Kunst und Liebe zusammen. In diesem seit über sechzig Jahren bestehenden Familienunternehmen geschieht nichts zufällig – alles ist durchdacht, abgesprochen und ausgesucht; der rote Faden sind Kreativität, Leidenschaft und Tradition. Alles entsteht in Zusammenarbeit, die Auswahl der besten Materialien, die Verwendung ungiftiger, bleifreier Farben und das Verschmelzen von Farbtönen und Vorlieben. Keramik von der Amalfiküste ist ein typisches Reiseandenken und hier ist der Ort, wo du das schönste Souvenir finden kannst, von traditionell bis modern.
Via della Marra 15, Ravello, www.ceramichecosmolena.com, Tel. 089857438, tgl. 9.00–20.00 Uhr, Bus 5110 Ravello (Gradillo)

FREIZEITTIPPS

(2) Der mediterrane Traum, bei dem du unter früchtebeladenen Zitronenbäumen stehst, erwacht bei **I Giardini di Cataldo** zum Leben. Auf dem Gut der Familie Esposito gibt es Zitronenbäume ohne Ende, und wenn du Glück hast, hängen sie voller Zitronen. Hier kannst du echte süditalienische Gastfreundschaft genießen und Limoncello, Marmelade, Eis und andere Köstlichkeiten probieren, natürlich alles handgemacht aus eigenen Produkten. Wer die Tour mitmacht, bekommt einen prima Einblick in den Herstellungsprozess von Limoncello.
Via Correale 27, Sorrento, www.igiardinidicataldo.it, Tel. 0818781888, Mo–Fr 9.00–20.00, Sa–So 9.00–22.00 Uhr, Circumvesuviana Sorrento, Bus 5070 Piazza Tasso

(8) Die **Villa Fiorentino** stammt aus den frühen 1930er-Jahren. Sie hat einen großen, außergewöhnlich schönen Garten mit herrlichen Blumen und Kinderspielgeräten. In der Villa finden regelmäßig Ausstellungen statt, von Fotos bis zu moderner Kunst.
Corso Italia 53, Sorrento, www.fondazionesorrento.com, Tel. 0818782284, Mo–Fr 10.00–13.00 & 16.00–20.00, Sa–So 10.00–13.00 & 16.00–21.00, Eintritt Garten frei, Ausstellungen unterschiedliche Preise, Circumvesuviana Sorrento, Bus 5070 Via degli Aranci 12

(12) In der **Villa Comunale** von Sorrent ist es immer voll, denn der Park bietet eine wunderbare Aussicht. Du kannst hier tolle Fotos machen, romantisch den

Sonnenuntergang genießen, die Möwen beobachten und etwas Kühles trinken. Setz dich auf eine Bank oder geh im Zickzack hinunter zu den Strandbars und dem Hafen. Praktisch ist, dass man auch mit dem Aufzug runterfahren kann.
Via S. Francesco, Sorrento, www.comune.sorrento.na.it, Tel. 0815335111, tgl. 8.00–23.00 Uhr, Circumvesuviana Sorrento, Bus 5070 Piazza Tasso

⑭ Im **O'Puledrone** von Gaetano kannst du nicht nur herrlich essen, besonders frischen Fisch, sondern auch einen abenteuerlichen Angelausflug buchen. Man fährt etwa drei Stunden aufs Meer hinaus und lernt alles über die Fischereikultur im Golf von Sorrent. Anschließend wird aus dem selbst gefangenen Fisch eine köstliche Mahlzeit zubereitet. Natürlich teilt der Koch seine Fischzubereitungs-Geheimnisse mit dir.
Via Marina Grande 74, Sorrento, www.opuledrone.com, Tel. 0810124134, Mo 12.00–23.00, Di–So 10.00–23.00 Uhr, Preis Ausflug 25 €, Bus 5070 Via degli Aranci 12

⑮ Eine Kajaktour mit **Kayak Sorrento** bringt dich von Sorrent zu den schönsten Plätzen im Golf von Sorrent , Höhepunkt ist das natürliche Schwimmbad von Regina Giovanna. Es ist ein unvergessliches Erlebnis, auf dem Wasserweg in dieses Stück Paradies vorzudringen. Man erreicht es, indem man durch eine schmale Öffnung paddelt. Auch eine Kajaktour bei Sonnenuntergang oder gar Sonnenaufgang wirst du nicht so schnell vergessen.
Via Marina Grande 90, Sorrento, www.kayaksorrento.com, Tel. 3287021422, tgl. 7.00–20.00 Uhr, Preis Kajaktour von 2 Stunden 40 €, Bus 5070 Via degli Aranci 12

⑯ Natur, Meer und Geschichte vereinen sich in den bezaubernden **Bagni Regina Giovanna**. Von Capo di Sorrento sind es rund zwanzig Minuten zu Fuß zu der Treppe, die nach unten zur Lagune führt. Diese ist auch leicht auf dem Seeweg per Boot oder Kajak erreichbar. Ein natürlicher Felsbogen verbindet die Lagune mit dem Meer. Die Stelle ist einfach zu verführerisch, um hier kein Bad zu nehmen. Nicht umsonst wählte Regina Giovanna, die Königin von Neapel, dieses Fleckchen im 14. und 15. Jahrhundert als Urlaubsort. Die Überreste der römischen Villa Pollio Felice, die hier gefunden wurden, stammen aus dem 1. Jahrhundert v. Chr.
Traversa Punta Capo, Sorrento, www.puntacampanella.org/aspetti-archeologici/la-villa-cosiddetta-di-pollio-felice, tgl. geöffnet, Eintritt frei, Bus 5070 Caposorrento

38
Don't miss this!

12

(23) Wer **Valenti Positano** besucht, kann sagenhafte Fotos machen: von der Aussicht auf Positano und sehr vielen Zitronen und Zitronenbäumen im fantastischen Garten. Die Limoncello-Zubereitung hat Valentino von seiner Mutter gelernt, aber sie haben hier auch Rezepte für *babà*-Gebäck mit Limoncello, Marmeladen und Sahneliköre entwickelt. Willst du von Valentino erfahren, wie man Limoncello und Marmelade macht, und hinter die Geheimnisse seines Familienrezeptes kommen? Dann buche eine Limoncello- und Marmelade-Erlebnistour.
Via Guglielmo Marconi 142, Positano, valentipositano.it, Tel. 0892866576, tgl. 9.30–13.00 & 15.00–19.00 Uhr, Preis Erlebnistour 125 €, Bus 5070 Positano (Sponda)

(28) Echt Instagram-würdig ist das halbmondförmige, 25 Meter breite Strändchen **Fiordo di Furore**, eine vom Fluss Schiato ausgewaschene Bucht. Eine Treppe in der Nähe der Brücke über den Fjord führt dort hinunter. Am Strand selbst gibt es so gut wie keine Einrichtungen, nimm deshalb vor allem Wasser, Essen und ein Badelaken mit. Im Sommer kannst du immerhin einen Liegestuhl mieten, falls es nicht zu voll ist. Wenn du mit öffentlichen Verkehrsmitteln kommst, frag den Busfahrer nach der Stelle, wo du aussteigen musst, und stelle vorab sicher, dass du Fahrkarten für Hin- und Rückfahrt dabei hat.
Via Marina di Praia 2, Furore, Eintritt frei, Bus 5070 Fiordo di Furore

(34) Besuche die zahlreichen engen Straßen von **Atrani**: Treppchen, Gässchen, Häuschen und schöne Ausblicke. Die fast direkt an Amalfi angrenzende Kleinstadt ist weniger touristisch, aber unbedingt sehenswert. Das fand auch der niederländische Künstler Escher, der sich hier um 1923 zu Kunstwerken inspirieren ließ, die ihn später weltberühmt machten.
Atrani, Bus 5020, 5110, 5120, 5130 Atrani

(38) Wenn du in Ravello bist, musst du unbedingt den **Giardini di Villa Cimbrone** einen Besuch abstatten. Denn die Gärten, die zum Hotel Villa Cimbrone gehören, haben wahrscheinlich die umwerfendste Aussicht der Welt. Am besten bewunderst du die Umgebung von der **Terrazza dell'Infinito** aus, auf der Marmorstatuen des 18. Jahrhunderts stehen. In den Gärten gibt es eine Bar, wo du frisches Obst und Cocktails aus regionalen Zutaten bekommst.
Via Santa Chiara 26, Ravello, www.hotelvillacimbrone.com, Tel. 089857459, tgl. 9.00–20.00 Uhr, Eintritt 7 €, Bus 5110 Ravello

ROUTE 6

CAPRI & ANACAPRI

INFOS ZUR ROUTE

Plane ein oder zwei Tage für diese Route ein, denn es gibt viele Orte zum Verweilen und Genießen. Unbedingt zu empfehlen ist eine Bootsfahrt. Du kannst einen Roller mieten, um zu den abgelegenen Ecken von Anacapri zu gelangen, oder Busse beziehungsweise eines der angenehmen offenen Taxis nehmen. Das Zentrum von Capri lässt sich leicht per *funicolare* erreichen. Einmal in Capri oder Anacapri angekommen, kannst du einen Großteil der Route gut zu Fuß zurücklegen.

DIE ORTE

Capri ist mit Abstand die berühmteste der drei Inseln im Golf von Neapel. Von Mai bis Ende September legen ständig Boote mit Touristen an und ab. Aus aller Welt kommen Menschen, um die Schönheit von Capri zu bewundern und vielleicht auch in der Hoffnung, internationalen Promis zu begegnen.

Die Insel ist bekannt für ihre Naturschönheiten wie die **Grotta Azzurra** und die Felsformation **I Faraglioni** im Meer. Es gibt Luxushotels, schicke Boutiquen und viele Geschäfte italienischer Modelabels. Und man kann in guten Restaurants ausgezeichnet essen, oft bei herrlicher Aussicht.

Was die Leute darüber manchmal vergessen, ist die interessante Geschichte der Insel, Überreste davon sind noch reichlich zu finden. Capri verdankt seinen Namen vermutlich den alten Griechen, die als Erste dort eine Niederlassung errichteten. Sie tauften sie Kapros (Wildschwein), wegen der vielen wilden Schweine, die dort lebten. In römischer Zeit hielt sich Kaiser Augustus hier auf, seine Gärten kann man heute noch beim Kloster San Giacomo besuchen. Auch der römische Kaiser Tiberius lebte während seiner Regierungszeit lange auf Capri. Er ließ zwölf Villen bauen, von denen einige noch besichtigt werden können.

LEGENDE
>> SEHENSWÜRDIGKEITEN
>> ESSEN & TRINKEN
>> SHOPPEN
>> FREIZEITTIPPS
Golf von Neapel
Tyrrhenisches Meer
ANACAPRI
CAPRI
Grotta Azzurra
Villa Damecuta
VIA GROTTA AZZURRA
SENTIERO DEI FORTINI
VIA LA VIGNA
VIA PAGLIARO
VIA G. ORLANDI
VIA CAPRILE
VIA FERRARO
VIA MINNITI
VIALE AXEL MUNTHE
Castello di Barbarossa
VIA MIGLIARA
VIA DEL FARO
RIO LINCIANO
VIA LINCIANO
VIA LA GUARDIA
STRADA MIGLIARA
Torre della Guardia
Faro di Punta Carena
ROUTE 6
START
ZIEL
VIA MARINA GRANDE
VIA VERUOTTO
PASSETIELLO
VIA ROMA
VIA MULO
VIA MARINA PICCOLA
VIA CESINA
VIA TRAGARA
VIA TUORO
VIA TIBERIO
Villa Jovis
Torre del F
Grotta di Matermania
0
500 m

Die andere Seite der Insel, **Anacapri**, wird weniger von Touristen besucht, sie ist authentischer und unberührter. Man kommt unter anderem über eine jahrhundertealte Treppe hin, die **Scala Fenicia**. In Anacapri kannst du auf den **Monte Solaro** steigen, in pittoresken Läden einkaufen, außergewöhnliche Kirchen besuchen oder auf einem felsigen Strand beim Leuchtturm ausspannen. Früher lebten hier hauptsächlich Schafhirten; heute besteht die Bevölkerung vor allem aus Fischern und Leuten, die im Tourismussektor tätig sind.

WENIG ZEIT? DAS SIND DIE HIGHLIGHTS:
MUSEO VILLA SAN MICHELE + SEGGIOVIA MONTE SOLARO + CHIESA DI SAN MICHELE ARCANGELO + GROTTA AZZURRA + GIARDINI DI AUGUSTO

TIPPS

// Geeignet für einen Folgebesuch in der Region // Plane für die Route zwei Tage (Zimmer reservieren) // Von Oktober bis April ist auf der Insel vieles geschlossen

CAPRI & ANACAPRI

1. Salumeria da Aldo
2. La Campanella della Fortuna
3. Oasi Motor
4. Bagni Tiberio
5. Ristorante Da Paolino
6. Scala Fenicia
7. Azienda Agricola Scala Fenicia
8. Museo Villa San Michele
9. Seggiovia Monte Solaro
10. Agriturismo Del Sole
11. Grakko Fashion Boutique
12. Casa Rossa
13. Chiesa di San Michele Arcangelo
14. L'Angolo del Gusto
15. Bar Grotta Azzurra
16. Faro di Punta Carena / Da Antonio / Lido del Faro
17. Ristorante Il Riccio
18. Grotta Azzurra
19. Capri Gloves
20. Enoteca Segreta
21. Da Gioia
22. Capri Blue Boats
23. Capri Interiors di Michele Pagano
24. Centro Caprense Ignazio Cerio
25. Pinseria Tre Farine Capri
26. Capri Pasta
27. La Conchiglia
28. Pane & Champagne
29. Le Farella
30. Eco Capri
31. Villa Jovis
32. Le Grottelle
33. Arco Naturale
34. Wonderland
35. Certosa di San Giacomo
36. Carthusia Factory
37. Capri Rooftop
38. Giardini di Augusto

BESCHREIBUNG ROUTE 6 (ca. 35 km)

Nimm in Neapel im Hafen Beverello ein Boot nach Capri. In der Marina Grande angekommen, gibt's links in der Via Cristoforo Colombo ein belegtes Brötchen 1, ein Souvenir 2 und einen Scooterverleih 3. Du kannst auch rechts im Hafen den Bus oder ein Taxi nach Anacapri nehmen oder links vom Fahrkartenbüro das Wassertaxi zu einem Strandlokal 4. Geh vom Hafen rechts in die Via Marina Grande. Vielleicht möchtest du rechts in der Via Palazzo a Mare einen Tisch im Restaurant reservieren 5. Ein Stück weiter führt rechts die Scala Fenicia 6 921 Stufen hinauf. Unterwegs kannst du eine Weinprobe 7 machen (nur nach Absprache), oben wartet ein Museum 8. Spaziere auf der Via Axel Munthe bis zum Platz und nimm den Sessellift 9 zum höchsten Punkt der Insel. Fahre wieder hinab. Hinter dem Sessellift führt die Via Caposcuro zum einzigen *agriturismo* der Insel hinauf 10. Zurück am Sessellift folgst du der Salita Caposcuro. Überquere die Straße, geh am Grünstreifen vorbei und links in die Via Giuseppe Orlandi 11. Besuche ein Museum 12 und rechts in der Via San Nicola eine Kirche 13. Setzt du deinen Weg auf der Via Giuseppe Orlandi fort, locken ein Restaurant 14 und lokales Bier 15. Nimm auf der kleinen Piazza della Pace den Bus zum Leuchtturm 16 oder in die andere Richtung zu einem Sternerestaurant 17 und der Grotta Azzurra 18. Steig in den Bus nach Capri. An dem Platz, wo die Taxis und Busse stehen, kannst du shoppen 19 20. Fahr dann mit dem Bus zur Marina Piccola auf einen Strandbesuch 21 und eine Bootsfahrt 22 oder kaufe an der Piazzetta di Capri Designerware 23. Schau das Museum 24 um die Ecke an oder iss auf dem Platz etwas Leckeres 25. Biege in die Via le Botteghe ein. Links in der Via Parroco Roberto Canale gibt's Pasta 26, geradeaus Bücher über Capri 27. Ein Stückchen weiter und dann links in die Gradoni Sopramonte kommst du zu einem Bistro 28, weiter geradeaus findest du Souvenirs 29 30. Zweige auf die Via Tiberio ab und wandere zu einer römischen Villa 31 (feste Schuhe und Wasser mitnehmen). Folgst du der Via le Botteghe, der Via Fuorlovado und der Via Croce und biegst rechts in die Via Matermania, gelangst du zu einem Restaurant 32 und einem Naturwunder 33. Du kannst auch deine Einkaufstour fortsetzen, indem du von der Via le Botteghe oder Via Fuorlovado auf einer Seitenstraße die Via Camerelle ansteuerst 34. Quere die Via Ignazio Cerio zur Via Certosa und besichtige ein Kloster oder eine Parfümfabrik 36. Gönn dir ein Getränk 37 mit Aussicht auf die Faraglioni und beschließe die Route mit einem Parkbesuch 38.

SEHENSWÜRDIGKEITEN

(8) Das **Museo Villa San Michele** ist auf den Ruinen einer römischen Villa erbaut, auf 327 Metern über dem Meer. Von 1896 bis 1910 residierte hier der schwedische Arzt Axel Munthe. Die Villa bietet einen sagenhaften Blick auf die Küste, im Garten voller Olivenbäume finden sich romantische Ecken und römische, etruskische und ägyptische Relikte. Das Museum, die Gärten, Kunstwerke, Möbel und die Villa – wohin du auch schaust, von Natur bis Kultur, alles ist wunderbar. Gönn dir im Museumcafé **Café Casa Oliv** einen Snack und ein Getränk bei zauberhafter Aussicht.

Viale Axel Munthe 34, Anacapri, www.villasanmichele.eu, Tel. 0818371401, tgl. Jan.–Febr. & Nov.–Dez. 9.00–15.30, März 9.00–16.30, April & Okt. 9.00–17.00, Mai–Sept. 9.00–18.00 Uhr, Eintritt 10 €, Bus Anacapri

(12) Die **Casa Rossa** fällt durch ihre pompejischen roten Mauern auf und ist eins der ungewöhnlichsten Gebäude der Insel. Erbaut wurde es zwischen 1886 und 1899 von einem exzentrischen Oberst aus New Orleans. Er integrierte römische Details und Fundstücke in den Bau. Derzeit dient er als Ausstellungsraum, zum Beispiel für Gemälde vom Capri des 19. und 20. Jahrhunderts. Auch römische Originalstatuen, die in der Grotta Azzurra gefunden wurden, sind hier zu sehen.

Via Giuseppe Orlandi 78, Anacapri, fb @museocasarossa, Tel. 0818387260, April–Mai Di–So 10.00–17.00, Juni–Sept. Di–So 10.00–13.30 & 17.30–20.00, Okt. Di–So 10.00–16.00 Uhr, Eintritt 3,50 €, Bus Anacapri

(13) Die **Chiesa di San Michele Arcangelo** ist eine Barockkirche von Anfang des 18. Jahrhunderts. Das Besondere an dieser nach dem Erzengel Michael benannten Kirche ist der Fliesenboden, der unter anderem zeigt, wie Adam und Eva von einem Engel mit Flammenschwert aus dem Paradies vertrieben werden. Die beiden sind umringt von Tieren und einem prächtigen Einhorn. Die Besucher bewegen sich auf einer Art Holzsteg am Rand der Fliesen.

Piazza San Nicola, Anacapri, www.chiesa-san-michele.com, Tel. 0818372396, tgl. April–Sept. 9.00–19.00, Okt.–März 10.00–15.00 Uhr, Eintritt 2 €, Bus Anacapri

(18) Die weltberühmte **Grotta Azzurra** ist ein kleines Naturwunder. Die Höhle hängt über dem Meer, ist aber unten offen, sodass im Wasser reflektiertes Licht

18

8

Feel the history
13

18

hereinkommt und ein wunderschönes Azurblau erzeugt. Vor der Blauen Grotte warten kleine Boote auf Einlass. Die Passagiere müssen sich ducken, während erfahrene Capresen die Boote hineinlotsen. Die Öffnung ist zwei Meter breit und einen Meter hoch, bei leichtem Wellengang ist das abenteuerlich, bei hohem unmöglich – prüfe also vorab, ob ein Besuch machbar ist.

Grotta Azzura, Anacapri, fb @infogrottazzurra, Tel. 0818370973, April–Okt. tgl. 9.00–17.00 Uhr, Eintritt 14 €, Bus Grotta Azzurra

(24) Wer sich für Geologie, Biologie und Archäologie interessiert, muss das **Centro Caprense Ignazio Cerio** aufsuchen. In vier Ausstellungsräumen werden 190 Millionen Jahre Geschichte dargestellt, du erfährst alles über die Entstehung der Insel, ihre Bewohner sowie Flora und Fauna. Schließe den Besuch auf der Terrasse des **Palazzo Cerio** mit einzigartiger Aussicht auf die berühmte Piazzetta di Capri ab.

Piazzetta Ignazio Cerio 5, Capri, www.centrocaprense.org, Tel. 0818376681, Mo 10.00–13.00, Di–Fr 10.00–16.00, Sa 12.00–16.00 Uhr, Eintritt 3 €, Bus Capri, Funicolare a Monte (Piazzetta)

(31) Die größte der etwa zwölf Villen, die der römische Kaiser Tiberius auf Capri erbauen ließ, war die **Villa Jovis**. Um zu den eindrucksvollen archäologischen Überbleibseln zu gelangen, musst du ein Stück laufen. Checke daher immer vorher bei den Infostellen auf Capri, ob die Villa an dem Tag geöffnet ist. Kombiniere den Ausflug mit dem Besuch von Parco Astarito und Villa Lysis.
Via Tiberio, Capri, Tel. 0667235338, Do–So 10.00–19.00 Uhr, Eintritt 6 €, Bus Capri, Funicolare a Monte (Piazzetta), dann 35 Minuten zu Fuß

(35) Die **Certosa di San Giacomo** ist ein Kloster aus dem 14. Jahrhundert und gilt als schönstes Beispiel der erhaltenen capresischen Architektur. Zurzeit beherbergt es eine Schule und eine Bibliothek. Es gibt auch einen Raum für temporäre Ausstellungen von (lokalen) Künstlern und Fotografen, außerdem befindet sich hier ein Museum mit mehreren Gemälden aus dem 17. Jahrhundert.
Via Certosa 10, Capri, cultura.gov.it/luogo/certosa-di-san-giacomo, Tel. 0818376218, Jan.–April Di–So 10.00–15.00, Mai–Juni & Okt.–Dez. Di–So 10.00–16.00, Juli–Sept. Di–So 10.00–18.00 Uhr, Eintritt 6 €, Bus Capri, Funicolare a Monte (Piazzetta)

ESSEN & TRINKEN

(1) Suchst du bezahlbare und leckere Verpflegung für einen Tag auf Capri? Dann lass dir in der **Salumeria da Aldo** ein appetitliches Brötchen zubereiten und geh mit dem Mittagessen in der Tasche auf Erkundungstour. Die Empfehlung lautet natürlich Panino Caprese mit frischen Tomaten, Mozzarella und Basilikum.
Via Cristoforo Colombo 26, Capri, insta @salumeria_da_aldo, Tel. 0818377541, April–Okt. tgl. 7.00–22.00 Uhr, Preis Brötchen 4 €, Bus Marina Grande, Funicolare a Valle (Marina Grande)

(5) Im romantischen **Ristorante Da Paolino** im größten und schönsten Zitronengarten der Insel kannst du unter Zitronenbäumen köstlich essen und den Geschichten der Besitzer Paolino und Lino lauschen. Sie durften schon viele berühmte Gäste bewirten.
Via Palazzo a Mare 11, Anacapri, www.paolinocapri.com, Tel. 0818376102, tgl. April–Mai 12.30–15.00 & 19.15–0.00, Juni–Mitte Okt. 19.15–0.00 Uhr, Preis 40 €, Bus Marina Grande, Funicolare a Valle (Marina Grande)

(14) Tradition mit einer Prise Innovation, so beschreibt das Familienrestaurant **L'Angolo del Gusto** seine Küche. Die Speisekarte ist voller origineller Gerichte, die mit Liebe zum Detail serviert werden. Hier werden Tradition und die Auswahl der besten Produkte groß geschrieben. Das Restaurant hinter dem kleinen Platz gleich um die Ecke von der Kirche ist leicht zu übersehen.
Via Boffe 2, Anacapri, www.langolodelgustocapri.com, Tel. 0818373467, tgl. 12.00–15.00 & 19.30–22.30 Uhr, Preis 25 €, Bus Anacapri

(15) Die Einkehr in der **Bar Grotta Azzurra** lohnen superleckere Kuchen, Brötchen und Getränke, aber vor allem das hausgebraute Bier: La Birra di Capri, ein handgemachtes, nicht pasteurisiertes und ungefiltertes Bier. Die drei Brüder Mirko, Paolo und Fabrizio haben sich zusammengetan, um die seit 1970 bestehende Familienbar weiterzuführen. Inzwischen ist die Bar auch an der berühmten Piazzetta von Capri (Via Roma 59) zu finden.
Via Giuseppe Orlandi 208, Anacapri, www.bargrottazzurra.it, Tel. 3476932738, tgl. 6.00–0.00 Uhr, Preis kleines Bier 7 €, Bus Anacapri

(17) Als eins der besten Restaurants von Capri hat das **Ristorante Il Riccio** zu Recht einen Michelinstern erhalten. Während der Küchenchef in der offenen Küche deine Mahlzeit bereitet, blickst du von der Terrasse aus auf die Grotta Azzurra. Vor dem Hinsetzen wählst du einen fangfrischen Fisch aus. Die Spezialität von Il Riccio? Spaghetti mit Seeigel. Ein Stück weiter unten ist die Sonnenterrasse.
Via Gradola 4-6, Grotta Azzurra, www.capripalace.com/en/dining/il-riccio.html, Tel. 0818371380, Mo–Mi 12.30–15.30, Do–So 12.30–15.30 & 19.30–22.30 Uhr, Preis 80 €, Bus Grotta Azzurra

(21) Im **Da Gioia** bekommst du ein köstliches Mittagessen mit Setaro-Pasta, einer der besten Pastasorten von höchster Qualität. Das Restaurant hat einen Privatstrand, man kann hier wunderbar den ganzen Tag verbringen. Während du dich am Blick über Meer, Hafen und Faraglioni erfreust, verwöhnt dich Besitzer Giuseppe mit köstlichen Fischgerichten.
Via Mulo 76, Capri, www.dagioiacapri.com, Tel. 0818377702, Ostern–Mai & Okt. tgl. 11.00–15.00, Juni Mo–Do & So 11.00–15.00, Fr–Sa 11.00–15.00 & 19.30–0.00, Juli Mo–Do 11.00–15.00, Fr–So 11.00–15.00 & 19.30–0.00, Aug. tgl. 11.00–15.00 & 19.30–0.00, Sept. Mo–Fr & So 11.00–15.00, Sa 11.00–15.00 & 19.30–0.00 Uhr, Preis 20–60 €, Bus Marina Piccola

26

㉕ Die *pinsa* geht auf ein antikes römisches Rezept zurück, eine Art ovale Focaccia, die sowohl weich als auch knusprig ist. Sie ist leicht verdaulich und wird aus drei verschiedenen Sorten Mehl hergestellt. Daher kommt der Name **Pinseria Tre Farine Capri**. Bestelle hier eine *pinsa* mit deinem Lieblingsbelag zu einem erschwinglichen Preis. Es gibt auch gute Hamburgerbrötchen aus Apulien, *pucce* genannt.

Via Longano 4, Capri, www.pinseriatrefarinecapri.com, Tel. 0812597822, tgl. 10.00–0.00 Uhr, Preis kleine Pinsa 9 €, Bus Capri, Funicolare a Monte (Piazzetta)

㉖ **Capri Pasta** ist ein echter Geheimtipp der Einheimischen. Der Imbiss liegt versteckt in einer Gasse. Hier kannst du dich preiswert mit frischer Pasta, belegten Brötchen oder anderen Lebensmitteln wie Hackfleischbällchen und Würstchen eindecken. Die meisten Leute lassen sich hier ein Lunchpaket für ein Picknick am Strand einpacken.

Via Parroco Canale 12, Capri, www.capripasta.com, Tel. 0818370147, März–Dez. Mo–Sa 9.00–20.00, So 9.00–14.00 Uhr, Preis 10 €, Bus Capri, Funicolare a Monte (Piazzetta)

(28) **Pane & Champagne** ist ein Risto-Bistrot, das heißt, es gibt alles von Salami- und Käse-Appetithäppchen bis zu üppigen Mahlzeiten. Das Getränke- und Weinangebot ist ebenfalls umfangreich. Pane & Champagne liegt unweit der berühmten Piazzetta di Capri, allerdings einmal um die Ecke, daher muss man das Lokal zu finden wissen. Pluspunkt: Die Preise sind für Capri sehr moderat.
Via Gradoni Sopramonte 6/8, Capri, www.panechampagne.it, Tel. 08118514161, tgl. 11.00–16.00 & 19.00–2.00 Uhr, Preis 18 €, Bus Capri, Funicolare a Monte (Piazzetta)

(32) **Le Grottelle** ist ein Familienrestaurant mit einer umwerfenden Meerblick-Terrasse. Du erreichst es nach einem wunderbaren Spaziergang auf dem Weg zum Arco Naturale; die Stille hier ist überwältigend. *La madre* kocht alle Speisen in einer Höhlen-Küche. Die Rosmarin-Focaccia ist ein Gedicht.
Via Arco Naturale, Capri, insta @ristorantelegrottelle, Tel. 0818375719, April–Okt. Mo & Mi–So 12.00–15.00 & 19.00–23.00 Uhr, Preis 20–40 €, Bus Capri, Funicolare a Monte (Piazzetta), dann 20 Minuten zu Fuß

(37) Für ein tolles Insta-Foto begibst du dich zum **Capri Rooftop**. Entspanne dich auf dieser stilvollen, romantischen Dachterrasse mit ihrem Bilderbuchblick auf die Faraglioni. Die Bar wird oft für Fotoshootings genutzt.
Via Matteotti 7, www.caprirooftop.com, Tel. 0818378147, April–Nov. tgl. 11.00–22.00 Uhr, Preis Getränk 10 €, Bus Capri, Funicolare a Monte (Piazzetta)

SHOPPEN

(2) Die handgefertigten, bemalten Steingutglöckchen, die es bei **La Campanella della Fortuna** zu kaufen gibt, wurden auf Capri entworfen und hergestellt. Sie gehen auf eine Legende des 15. Jahrhunderts zurück. Ein armer Hirte sucht verzweifelt seine verlorenen Schafe, voller Angst, sie könnten von den Felsen ins Meer fallen. Da hört er ein leises Klingeln und sieht ein strahlendes Licht, in dem ihm der Erzengel Michael erscheint. Danach findet er seine Schafe unversehrt wieder. Jetzt gelten die Glöckchen als Glücksbringer und Geschenk des Himmels.
Via Cristoforo Colombo 38, Capri, www.capribell.it, Tel. 0818377634, tgl. März–Nov. 9.00–19.00 Uhr, Bus Marina Grande, Funicolare a Valle (Marina Grande)

⑪ Leinenkleidung ist ein typisches Produkt der Region. Das Leinen hält dich in der Hitze angenehm kühl und ist außerdem elegant. In der **Grakko Fashion Boutique** findest du dieses traditionelle Erzeugnis in modernen, stylischen Kreationen, in denen du mit Sicherheit gut gekleidet und frisch durch den Tag kommst. Alles *Made in Italy*.

Via Giuseppe Orlandi 85, Anacapri, Tel. 0818372218, tgl. 10.00–20.00 Uhr, Bus Anacapri

⑲ **Capri Gloves** verkauft elegante Lederhandschuhe. Drei Generationen der Familie Forino arbeiten in Neapel schon seit 1899 in der Branche. Für die nach der neuesten Mode entworfenen Handschuhe werden nur die besten Lederarten verwendet. Im stylisch eingerichteten Geschäft findest du alle Farben und Sorten.

Via Roma 91, Capri, www.caprigloves.it, Tel. 3473903173, tgl. Jan.–Febr. nur vormittags, März–Dez. 10.30–20.00 Uhr, Bus Capri, Funicolare a Monte (Piazzetta)

⑳ Die **Enoteca Segreta** ist ein versteckter Laden, der eine unglaubliche Auswahl an italienischen Qualitätsweinen und regionalen gastronomischen Spezialitäten bietet. Eine Besonderheit ist, dass der Anspruch der Familie Pollio, immer die beste Qualität zu garantieren, sich darin nicht erschöpft – Nachhaltigkeit und Umweltschutz sind ihnen genauso wichtig.

Via Roma 54, Capri, fb @enzopollio.13, Tel. 3496157453, Mo–Sa 10.30–13.00 & 16.30–19.30 Uhr, Bus Capri, Funicolare a Monte (Piazzetta

㉓ Bei **Capri Interiors di Michele Pagano** gibt es einzigartige Möbel- und Deko-Stücke im internationalen Capri-Stil. Man kann sich den Einkauf auch nach Hause schicken lassen.

Via Roma 73a, Capri, www.caprinteriors.it, Tel. 0818374854, tgl. Juni–Sept. 10.30–21.00, Okt.–Mai 10.30–20.00 Uhr, Bus Capri, Funicolare a Monte (Piazzetta)

㉗ **La Conchiglia**, gegründet von Ausilia Veneruso und Riccardo Esposito, ist Buchhandlung, Verlag und Kunstgalerie in einem und hat drei Läden auf der Insel. Gemeinsam mit Sohn Vincenzo vertreiben die beiden einzigartige Publikationen zum Thema Capri. Hier bekommst du schöne Fotos und Bildbände von lokalen Fotografen wie Umberto D'Aniello.

Via le Botteghe 12, Capri, edizionilaconchiglia.it, Tel. 0818376577, tgl. Sommer 9.00–0.00, Winter 9.00–13.30 & 15.30–20.30 Uhr, Bus Capri, Funicolare a Monte (Piazzetta)

20

11

27
DECO-PRO
Davide Valsecchi
SOPHIA LOREN
In cucina con amore
TRADIZIONE E FANTASIA NELLE RICETTE DELLA DIVA ITALIANA PIÙ AMATA NEL MONDO
Rizzoli

(29) Margaret, Gaetana, Elizabeth und Mary, die vier Schwestern von **Le Farella**, beherrschen die Kunst des Handwebens, Näh- und Färbetechniken. Kaufe hier elegante Kleidung für warme Sommerabende oder weiche, handgewebte Schals.
Via Fuorvaldo 21c, Capri, www.farella.it, Tel. 0818375243, tgl. März–Dez. 10.00–22.00 Uhr, Bus Capri, Funicolare a Monte (Piazzetta)

(30) Wie man bei **Eco Capri** selbst sagt: Hier erwarten dich Qualität und Design. Eco Capri hat Schals, Taschen und andere Accessoires in überraschenden Farben und Macharten.
Via Fuorlovado 14, Capri, ecocapri.com, Tel. 08119482228, tgl. April–Nov. 10.00–22.00 Uhr, Bus Capri, Funicolare a Monte (Piazzetta)

(34) **Wonderland** ist ein Concept Store, der bekannte Marken mit Vintage und Artikeln neuer Designer kombiniert. Hier findest du aus aller Welt zusammengesammelte Unikate zu – angesichts der Hersteller – akzeptablen Preisen.
Via Camerelle 63, Capri, www.wonderlandcapri.it, Tel. 0818370520, tgl. 10.00–21.00 Uhr, Bus Capri, Funicolare a Monte (Piazzetta)

(36) Carthusia ist eine altehrwürdige Parfümerie. Sie hat mehrere Filialen, aber die **Carthusia Factory** liegt an einem besonderen Ort, unweit vom Kloster Certosa di San Giacomo. Angeblich wurde das berühmte Blumenparfüm nämlich genau hier vom Prior des Klosters entdeckt: Anlässlich eines königlichen Besuchs stellte er ein prächtiges Blumenbouquet zusammen. Drei Tage später stellte er fest, dass das Wasser, in dem die Blumen standen, einen geheimnisvollen Blumenduft angenommen hatte. Damit war die Grundlage für das Capri-Parfüm geschaffen. In der Factory kannst du sehen, wie die Parfums hergestellt werden.
Viale Matteotti 2, Capri, www.carthusia.it, Tel. 0818375393, tgl. April–Okt. 9.00–22.00, Nov.–März 9.00–17.00 Uhr, Bus Capri, Funicolare a Monte (Piazzetta)

FREIZEITTIPPS

(3) Für die perfekte Inselerkundungstour kannst du ein Motorrad oder einen Roller bei **Oasi Motor** mieten. Das verleiht dir ein Gefühl von Freiheit, und du kommst auch viel weiter herum. Auf diese Art gelangst du an Orte, die sonst mühsamer erreichbar sind, wie der Leuchtturm von Anacapri.
Via Cristoforo Colombo 47, Capri, oasimotorcapri.it, Tel. 3343532975, tgl. April–Okt. 9.00–20.00 Uhr, Leih-Scooter 55 €, Bus Marina Grande, Funicolare a Valle (Marina Grande)

(4) Wenn du Lust auf einen wunderbaren, faulen Tag am Meer hast, reserviere einen Platz im **Bagni Tiberio**. In Marina Grande angekommen, findest du links von der Kasse für die *funicolare* und die Busse einen Steg mit der Aufschrift Bagni Tiberio. Nach Vorlegen deiner Reservierung bringt dich das Boot direkt und gratis zum Strand von Bagni Tiberio. Umkleidekabinen, warme Duschen und Zugang zum Meer sind im Eintrittspreis enthalten. Wenn du magst, kannst du eine Liege, einen Strandkorb oder Sonnenschirm mieten. Essen mitbringen darfst du nicht, aber im gleichnamigen Restaurant gibt's Pasta- und diverse Fisch- und Fleischgerichte. Oder hol dir in der Snackbar am Strand eine *graffa*, die Spezialität des Hauses: eine süße Delikatesse, die aussieht wie ein Donut.
Via Palazzo a Mare 41, Capri, www.bagnitiberio.com, Tel. 0818370703, tgl. Mai–Okt. 9.30–18.30, Eintritt 13 €, Miete Strandliege 12 €, Bus Marina Grande, Funicolare a Valle (Marina Grande), dann Boot nach Bagni Tiberio

⑥ Die **Scala Fenicia** war einst die einzige Verbindung zwischen Anacapri und dem Rest der Welt. Die Treppe geht auf die griechische Kolonialzeit zwischen dem 6. und 7. Jahrhundert v. Chr. zurück und besteht aus 921 Stufen über eine Länge von 1,7 Kilometer. Die Frauen von Anacapri benutzten sie jahrelang, um frisches Wasser vom Hafen nach Anacapri zu schaffen. Also eine geschichtsträchtige Treppe, mit atemberaubenden Ausblicken und wunderbarer Natur ringsum. Auch wenn es eher anstrengend klingt, empfiehlt man Besuchern, die Treppe hinaufzugehen statt hinab. Genügend Wasser und eine gute Kondition sind ratsam.
Scala Fenicia, Capri, tgl. geöffnet, Eintritt frei, Bus Marina Grande, Funicolare a Valle (Marina Grande)

⑦ Mach eine Weinprobe in der **Azienda Agricola Scala Fenicia**, einem der wenigen verbliebenen Weingärten der Insel. Ein Termin für den Besuch dieser Winzerei, die an der ältesten Treppe Capris liegt, muss im Voraus vereinbart werden: Schicke eine Mail an info@scalafenicia.com oder ruf an.
Via Fenicia 13, Capri, www.scalafenicia.com, Tel. 3385226197, Öffnungszeiten April–Okt. nach Absprache, Preis Weinprobe 35 €, Bus Marina Grande, Funicolare a Valle (Marina Grande)

⑨ Zum höchsten Punkt der Insel gelangt man am einfachsten mit der **Seggiovia Monte Solaro**. Dieser Sessellift bringt dich auf den Gipfel des Monte Solaro, wo sich eine fantastische Aussicht bietet. Wer mag, kann eine Rückfahrkarte kaufen, aber man kann auch auf dem Fußpfad zurückkehren. Du steigst dann langsam den Berg hinab und landest im Zentrum von Anacapri.
Via Caposcuro 10, Anacapri, www.capriseggiovia.it, Tel. 0818371438, tgl. März–April 9.30–16.00, Mai–Okt. 9.30–17.00, Nov.–Febr. 9.30–15.30 Uhr, Preis einfach 9 €, hin und zurück 12 €, Bus Anacapri

⑩ Im einzigen *agriturismo* auf Capri, dem **Agriturismo Del Sole**, kannst du eine umfangreiche Mahlzeit mit Produkten aus dem eigenen Gemüse- und Weingarten sowie die Gastfreundschaft von Luigi und Alfonsina genießen. Bei einem Kochkurs lernst du unter Alfonsinas professioneller Anleitung, traditionelle Ravioli zuzubereiten. Das versteckte Juwel in Anacapri ist ganzjährig geöffnet.
Via Migliara 15, Anacapri, www.agriturismodelsolecapri.com, Tel. 0812139449, wechselnde Öffnungszeiten, vorher anrufen, Preis Hauptgericht 25 €, Bus Anacapri

16

9

16
LIDO DEL FARO

Take a walk on the wild side

(16) Der **Faro di Punta Carena**, der Leuchtturm von Anacapri, ist der Lieblingsort vieler Capresen, um einen Tag am Meer zu verbringen. Bleibe möglichst bis Sonnenuntergang, um dieses Schauspiel zu genießen und den Fischern zuzuschauen, die dann hinausfahren, um nachts im Meer zu fischen. Im Strandlokal **Da Antonio** am nahegelegenen **Lido del Faro** kannst du auf der Terrasse mit Holzliegestühlen und Tischen unter einem Strohdach Platz nehmen.

Punta Carena, Anacapri, Tel. 0818373255, Öffnungszeiten Da Antonio tgl. 9.30–20.30 Uhr, Bus Faro di Capri

(22) Capri lässt sich wunderbar vom Meer aus betrachten. Miete ein Boot bei **Capri Blue Boats** in der Marina Piccola und erlebe Capri auf besondere Weise. Oder du stichst mit einem erfahrenen Skipper wie dem fröhlichen Raffaele in See. Besuche mehrere Höhlen vom Meer aus und gleite dabei unter dem Bogen der Faraglioni-Felsformation hindurch – ein unvergleichliches Erlebnis.

Via Mulo 72, Capri, www.capriblueboats.com, Tel. 3396192151, tgl. April–Okt. 9.00–19.00 Uhr, Miete Motorboot 2 Stunden 90 €, Bootsfahrt mit Bootsführer 2 Stunden 150 €, Bus Marina Piccola

(33) Der **Arco Naturale** ist ein 12 Meter breiter und fast 20 Meter hoher Natursteinbogen. Du kannst auf derselben Strecke oder über die Treppe neben Le Grottelle zurückgehen. Von hier aus nimmst du den malerischen Pizzolungopfad entlang der Grotta di Matromania, eine herrliche Tour mit Aussicht auf Sorrent, die Faraglioni und die Villa Malaparte. Sie endet schließlich am Belvedere di Tragara. Diese Wanderung dauert mehrere Stunden, daher sind feste Schuhe und ein ordentlicher Wasservorrat anzuraten.

Via Arco Naturale, Capri, Bus Capri, Funicolare a Monte (Piazzetta), dann 20 Minuten zu Fuß

(38) Die **Giardini di Augusto** ließ der römischen Kaiser Augustus anlegen. Hier kannst du dich an der Ruhe zwischen den Bäumen, Blumen und sonstigen Pflanzen und natürlich fantastischen Ausblicken erfreuen. Dies ist auch der Ausgangspunkt der Via Krupp, eines steilen Wanderwegs mit Haarnadelkurven, der zur Marina Piccola hinabführt. Leider ist der Weg häufig wegen Erdrutschen gesperrt.

Via Krupp, Capri, www.cittadicapri.it/it/s/giardini-di-augusto-e-via-krupp, tgl. 10.00–20.00 Uhr, Eintritt 1 €, Bus Capri, Funicolare a Monte (Piazzetta)

WAS ES SONST NOCH GIBT

Wenn du den in diesem Buch beschriebenen Touren folgst, kommst du an den wichtigsten Sehenswürdigkeiten vorbei, aber natürlich gibt es darüber hinaus weitere Orte, die einen Besuch lohnen. Hier sind einige kurz aufgeführt. Achtung: Einige befinden sich in Neapel, andere außerhalb, doch mit dem öffentlichen Nahverkehr oder dem Auto gelangst du gut dorthin.

Ⓐ In der **Catacombe di San Gennaro** betrittst du eine Welt zwischen Geschichte und Religion. Hier wurden eine Zeitlang die sterblichen Überreste von San Gennaro, dem Schutzheiligen Neapels, aufbewahrt. Heutzutage befinden sich keine Reliquien mehr in der Katakombe, aber alle Kunstwerke und Legenden sind noch da. Mit dem Besuch unterstützt du ein Sozialprojekt, das im Arbeiterbezirk Rione Sanità für Arbeitsplätze und Sicherheit gesorgt hat.
Via Capodimonte 13, Neapel, www.catacombedinapoli.it, Tel. 0817443714, tgl. 10.00–17.00 Uhr, Eintritt 9 €, Bus 3M, 168, 178, 204, 460, 650, C63, C67 Capodimonte – Basilica dell'Incoronata e Catacombe di S. Gennaro

Ⓑ Der **Cimitero delle Fontanelle** befindet sich in einem ausgedehnten Höhlensystem aus Tuffstein. Erstmals während der Pestepidemie von 1656 und dann während der Choleraepidemie 1837 wurden viele Tote aus Neapel hier bestattet. Die Anwohner in der Umgebung haben eine besondere Beziehung zu all den verlorenen Seelen in dieser Leichenhalle entwickelt. Die in den Höhlen gestapelten, ordentlich sortierten Schädel und Knochen gehen in die Tausende und erzeugen eine sehr spezielle Atmosphäre. Informiere dich vorab über die Website oder telefonisch, ob die Begräbnisstätte geöffnet ist.
Via Fontanelle 80, Neapel, www.cimiterofontanelle.com, Tel. 08119703197, tgl. 10.00–17.00 Uhr, Eintritt frei, Metro 1 Materdei

Ⓒ Das **Museo e Real Bosco di Capodimonte** umfasst ein Schloss mit Gärten und einem Jagdwald. Die Anlage wurde im 18. Jahrhundert im Auftrag der Bourbonen-Monarchie errichtet. Vor allem am Wochenende nutzen die Neapolitaner den Park und den Wald gern zum Spazierengehen und Radfahren. Im Palast kannst du das Museo di Capodimonte besuchen. Neben den prächtigen königlichen Gemächern, Porzellan aus der berühmten Capodimonte-Schule

und einer Skulpturensammlung besitzt es auch eine erlesene Gemäldeabteilung, unter anderem mit Werken von Bruegel, Caravaggio und sogar Warhol. Es ist eigenartig, diese Werke weltberühmter Künstler in einem oft fast menschenleeren Museum zu bewundern.

Via Miano 2, Neapel, Capodimonte.cultura.gov.it, Tel. 0817499151, Öffnungszeiten Museum Mo–Di & Do–So 8.30.00–19.30 Uhr, Eintritt Park frei, Museum 10 €, Bus 663, C63 Capodimonte – Museo di Capodimonte e Real Bosco

Ⓓ Das ehemalige Elektrizitätswerk Stazione Bellini beherbergt jetzt Arbeiten des Künstlers Hermann Nitsch. Die Sammlung des **Museo Hermann Nitsch** zeigt seine teils umstrittenen Kunstwerke. Nitsch ist vor allem für sein sogenanntes „Orgientheater" bekannt, bei dem Schauspiel und bildende Kunst auf provokante Weise ineinander verschmelzen. Die interessante Industriearchitektur und die beeindruckende Aussicht vom Gelände machen den Besuch rund. Etwas für Leute, die das etwas Ausgefallenere schätzen.

Vico Lungo Pontecorvo 29/d, Neapel, www.museonitsch.org, Tel. 0815641655, Mo–Fr 10.00–19.00 Uhr, Eintritt 10 €, Metro 1 Dante

Ⓔ Der **Orto Botanico di Napoli** ist über 200 Jahre alt und einer der größten und vielseitigsten botanischen Gärten Europas. Er umfasst rund 12 Hektar und ungefähr 9000 Pflanzenarten aus der ganzen Welt. Der Garten ist eine Oase der Ruhe im hektischen Neapel. Prüfe, ob du vorab reservieren musst.

Via Foria 223, Neapel, www.ortobotanico.unina.it, Tel. 0812533937, Mo, Mi & Fr 9.00–14.00, Di & Do 9.00–16.00 Uhr, Eintritt frei, Metro 2 Piazza Cavour

Ⓕ **Mostra d'Oltremare** ist ein Veranstaltungsgelände mit Park. Hier kannst du joggen, ein Fahrrad mieten oder schwimmen. Kinder vergnügen sich an Spielgeräten und Erwachsene genießen Ausstellungen, Rasenflächen mit Bars und Märkte. Regelmäßig finden Freiluft-Theatervorführungen und Liveauftritte statt. Wenn du es einrichten kannst, schau dir das Spettacolo della Fontana Esedra an, dabei „tanzt" der Brunnen nach Musik, abends begleitet von einer spektakulären Lichtschau.

Via J. F. Kennedy 54, Neapel, www.mostradoltremare.it, Tel. 0817258000, tgl. 7.00 Uhr–Sonnenuntergang, Spettacolo Fr 21.30, Sa–So 12.30 & 21.30 Uhr, Eintritt Park 1 €, Metro 2 Campi Flegrei

(G) Neapel und Fußball sind untrennbar miteinander verbunden, es findet sich kaum ein Neapolitaner, der dieses Spiel nicht liebt. Bist du auch ein Fan und möchtest echte neapolitanische Fußball-Leidenschaft erleben, sei dir ein Spiel im **Stadio Diego Armando Maradona** ans Herz gelegt. Hier kannst du prima lernen, auf Neapolitanisch zu fluchen, denn auch wenn der SSC Napoli führt, aber schlecht spielt, halten seine Anhänger mit Kritik nicht hinterm Berg.
Piazzale Vincenzo Tecchio, Neapel, www.sscnapoli.it, Tel. 815095344, Zeiten und Preise siehe Website, Metro 2 Campi Flegrei

(H) Die Seilbahn **Funivia del Faito** bringt dich von Castellammare di Stabia auf den Gipfel des Berges Faito, der etwa 1000 Meter höher als der Ausgangspunkt liegt. Auf der achtminütigen Fahrt bietet sich ein spektakulärer Blick über den Golf von Neapel, den Vesuv und einen Großteil der Metropole. Oben angekommen, befindet man sich mitten in der Natur. Es gibt Wanderwege, die nicht alle gleich gut instand gehalten werden, aber die Berge und Wälder sind wunderbar. Du kannst dir ein Picknick mitbringen oder etwas in der Bar am Aussichtspunkt kaufen. Die Talstation der Seilbahn liegt in der Nähe der Haltestelle Castellammare di Stabia der Circumvesuviana-Strecke Napoli–Sorrento.
Piazza Unità d'Italia, Castellammare di Stabia, www.eavsrl.it/web/orario-funivia, Mitte Juli–Mitte Sept. tgl. 8.20–20.10 Uhr, Preis Rückfahrkarte 8 €, Circumvesuviana Castellammare di Stabia

(I) Bei den **Scavi di Stabia** wurden zwei wunderbar erhaltene römische Villen gefunden, **Villa Arianna** und **Villa San Marco**. Es erwarten dich erstklassige Wandmalereien, eine atemberaubende Aussicht auf den Golf von Neapel und eine umfangreiche Kolonnade mit einem zentralen Badebecken. Die Ausgrabungsstätte kann sich ohne weiteres mit Pompeji oder Herculaneum messen, ist aber viel weniger bekannt.
Via Passeggiata Archeologica, Castellammare di Stabia, www.pompeiisites.org, Tel. 0818575347, Mo & Mi–So 8.30–18.00 Uhr, Eintritt frei, Circumvesuviana Via Nocera, dann mit Taxi oder 20 Min. zu Fuß

(J) Auf der Vulkaninsel **Ischia** siedelten zuerst die Griechen und dann die Römer. Eine Besonderheit sind die zahlreichen vulkanischen Quellen, die dafür sorgen, dass die vielen Schwimmbecken und sogar Teile des Meeres, wie die **Baia di**

Sorgeto, immer herrlich warm sind. Gönn dir hier ein Bad in natürlichen Thermalbädern und Packungen mit Vulkanschlamm. Der Tourismus auf Ischia ist hauptsächlich auf Kurgäste ausgerichtet, es gibt aber auch einiges anzuschauen, wie das **Castello Aragonese**, das malerische Fischerdorf **Sant'Angelo**, die **Giardini La Mortella** oder die **Chiesa del Soccorso**, in der man für die sichere Rückkehr der Fischer betet.
Ischia, www.comuneischia.it, Fähre nach Ischia ab Molo Beverello, Neapel

Ⓚ Echte süditalienische Atmosphäre schnuppern kannst du am besten auf **Procida**. Sie ist die kleinste, älteste und mit Abstand hübscheste Insel im Golf von Neapel. Der kleine Fischerhafen von Corricella mit seinen bunten Häusern ist der meistfotografierte Ort der Insel, die schönste Aussicht auf den Hafen bietet sich von der Salita Castello. Die Bewohner sind vorwiegend Fischer. Teile der Filme *Der Postmann* und *Der talentierte Mr. Ripley* wurden hier gedreht. Die bedeutendste Sehenswürdigkeiten der Insel sind die Abtei **San Michele** mit einem Labyrinth aus Katakomben und das Jagdschloss **Castello d'Avalos** aus dem 16. Jahrhundert. Eine Brücke verbindet Procida mit dem unbewohnten Eiland Vivara, einem Naturschutzgebiet mit beschränktem Zugang.
Procida, www.visitprocida.com, Fähre nach Procida ab Molo Beverello, Neapel

Ⓛ Die **Campi Flegrei** sind ein zur Metropolitanregion Neapel zählendes Gebiet, das Fuorigrotta, Bagnoli, Pozzuoli, Baia, Bacoli und Monte di Procida umfasst. Der Name bedeutet „brennende Felder", hergeleitet von der vulkanischen Aktivität, in der Landschaft gibt es denn auch viele Krater zu entdecken. Schon die Römer wussten das zu schätzen und betrieben hier luxuriöse Thermalbäder. Es gibt faszinierende Ausgrabungen, darunter die versunkene römische Stadt vor der Küste von Baia. Neapolitaner verbringen ihre Freizeit gern an den hiesigen Stränden, in den Thermen oder mit Wanderungen um einen Kratersee. Beliebt sind auch die zahlreichen Restaurants und Bars an der Promenade von **Pozzuoli**. Die Campi Flegrei garantieren Urlaubsfeeling unter Einheimischen.
Campi Flegrei, www.visitcampiflegrei.eu, Metro 2 Pozzuoli Solfatara, Bahn Pozzuoli

Ⓜ In **Baia** gibt's eine Menge zu sehen. In der Römerzeit lag ein Teil des Landes höher als heute, sodass im Meer vor der Küste von Baia und Pozzuoli noch viele römische Ruinen ruhen. Vom Hafen von Baia aus kann man aufs Meer hinaus-

fahren und durch den Glasboden eines Bootes (*www.nostrosud.it*) oder beim Tauchen (*www.centrosubcampiflegrei.it*) eine römische Straße, Häuserfundamente und Nachbildungen römischer Statuen bewundern. Die Originalskulpturen sind im **Castello di Baia** zu sehen, dem archäologischen Museum der Campi Flegrei. Die Eintrittskarte, die du beim Schloss kaufst, gilt auch für die Ausgrabungen des **Parco Archeologico delle Terme di Baia**, die **Scavi di Cuma** und das **Anfiteatro Pozzuoli**.

Baia, www.pafleg.it, Cumana Torregaveta

Ⓝ Der **Posillipo** ist ein Hügelzug auf einer kleinen Halbinsel zwischen Neapel und den Campi Flegrei. Das Forschungszentrum Gaiola organisiert von hier aus Meeresausflüge, Näheres auf *www.gaiola.org*. Besuche auch den **Parco Archeologico del Pausilypon** mit der **Grotta di Seiano** *(www.gaiola.org/pausilypon)*. Das Fischerdörfchen **Marechiaro**, besungen im Lied *Marechiaro* von Salvatore di Giacomo, ist der perfekte Ort für ein Dinner mit romantischem Ausblick, ebenso spektakulär ist die Aussicht vom Park **Virgiliano** aus.

Posillipo, Metro 2 Mergellina, Funicolare Mergellina

BIAGIO ANNA

BIAGIO

REGISTER

SHOPPEN

FREIZEITTIPPS

PORTICI, VESUV, ERCOLANO & POMPEI

SEHENSWÜRDIGKEITEN

ESSEN & TRINKEN

SHOPPEN

FREIZEITTIPPS

SORRENTO & DIE AMALFIKÜSTE

SEHENSWÜRDIGKEITEN

ESSEN & TRINKEN

SHOPPEN

FREIZEITTIPPS

CAPRI & ANACAPRI

SEHENSWÜRDIGKEITEN

IN GLEICHER REIHE

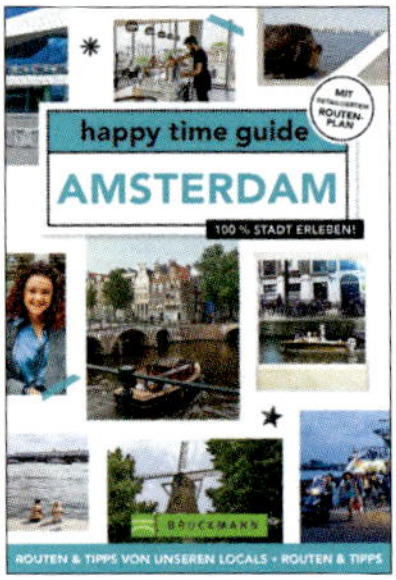

ISBN 978-3-7343-2021-7

ISBN 978-3-7343-2583-0

ISBN 978-3-7343-1878-8

ISBN 978-3-7343-2582-3

Happy time guide – mehr als ein Reiseführer!

Der happy time guide nimmt dich mit auf unterschiedliche Spaziergänge, auf denen du die Stadt in deinem eigenen Tempo entdeckst und den Lebensstil der Locals kennenlernst. Und das alles, ohne dich vorbereiten zu müssen! Alle Adressen sind persönliche Empfehlungen der Autoren, die in der Stadt leben. Mit inspirierenden Bildern und praktischen Ausklappkarten.

BRUCKMANN

www.bruckmann.de

ERSCHIENEN

ISBN 978-3-7343-2581-6

ISBN 978-3-7343-2576-2

ISBN 978-3-7343-2580-9

ISBN 978-3-7343-2579-3

ISBN 978-3-7343-2578-6

ISBN 978-3-7343-2577-9

IMPRESSUM

This edition is published by Bruckmann Verlag GmbH
in cooperation with »time to momo«.
Autorin: Iris de Brouwer
Fotos: Roy Bisschops, Ilse Ouwens
Layout: Studio 100%, Oranje Vormgevers
Kartografie: Van Oort redactie en kartografie
Repro: Marcel Beijnsberger

DEUTSCHE AUSGABE
© 2022 Bruckmann Verlag GmbH,
Infanteriestraße 11a, 80797 München
Verantwortlich: Claudia Hohdorf
Übersetzung: Silvia Mayer
Redaktion: Gritta Deutschmann,
www.bintang-berlin.de
Korrektorat: Katharina Grimm
Satz: Gritta Deutschmann
Repro: LUDWIG:media
Herstellung: Alexander Knoll
Printed in Slovenia0 by Florjancic
ISBN 978-3-7343-2580-9

★★★★★

Sind Sie mit diesem Titel zufrieden? Dann würden wir uns über Ihre Weiterempfehlung freuen. Erzählen Sie es im Freundeskreis, berichten Sie Ihrem Buchhändler, oder bewerten Sie bei Onlinekauf. Und wenn Sie Kritik, Korrekturen, Aktualisierungen haben, freuen wir uns über Ihre Nachricht an Bruckmann Verlag, Postfach 40 02 09, D-80702 München oder per E-Mail an lektorat@verlagshaus.de.

Unser komplettes Programm finden Sie unter www.bruckmann.de

Alle Angaben dieses Werkes wurden von der Autorin sorgfältig recherchiert und auf den neuesten Stand gebracht sowie vom Verlag geprüft. Für die Richtigkeit der Angaben kann jedoch keine Haftung übernommen werden, weshalb die Nutzung auf eigene Gefahr erfolgt. Insbesondere bei GPS-Daten können Abweichungen nicht ausgeschlossen werden. Sollte diese Werk Links auf Webseiten Dritter enthalten, so machen wir uns die Inhalte nicht zu eigen und übernehmen für die Inhalte keine Haftung.

In diesem Buch wird aus Gründen der besseren Lesbarkeit das generische Maskulinum verwendet. Weibliche und anderweitige Geschlechteridentitäten sind dabei ausdrücklich mitgemeint, soweit es für die Aussage erforderlich ist.

Die Deutsche Nationalbibliothek verzeichnet diese Publikation in der Deutschen Nationalbibliografie; detaillierte bibliografische Daten sind im Internet über http://dnb.d-nb.de abrufbar.